JN327120

昭和の街角を紹介

懐かしい
沿線写真で訪ねる

東武野田線
新京成電鉄
街と駅の1世紀

杉﨑行恭

アルファベータブックス

CONTENTS

総武鉄道時代の時刻表（昭和16年）

十五年十月十日改正　大宮・粕壁及柏・船橋間 (運) （総武鐵道線）（大宮・柏間電車、柏・船橋間ハガソリン車）　連絡驛ノミヲ示ス

柏方面行

粁程	運賃	驛名	201	101	203	此ノ間 大宮發柏行	135	137	307
0.0	錢	大宮(省)發	…	5 56	…	6 33, 7 00	8 29	9 21	10 32
1.2	4	北大宮〃	…	5 58	…	7 37, 8 12	8 31	9 23	10 34
2.3	5	大宮公園〃	…	6 00	…	8 50, 9 46	8 33	9 25	10 36
4.1	9	大和田〃	…	6 03	…	11 02,11 50	8 36	9 28	10 39
5.7	13	七里〃	…	6 07	…	1 30, 2 21	8 38	9 30	10 41
8.6	19	岩槻〃	…	6 12	…	3 13, 3 47	8 44	9 37	10 47
14.2	31	八木崎〃	…	6 21	…	4 41, 5 42	8 54	9 45	10 55
15.3	34	粕壁〃	…	6 24	…	6 18, 7 43	8 57	9 50	10 57
17.9	39	藤の牛島〃	…	6 29	…		9 01	9 55	
19.9	44	南櫻井〃	…	6 32	…	大宮發	9 04	9 58	…
23.0	51	川間〃	…	6 37	…	粕壁行	9 09	10 02	…
26.7	59	淸水公園〃	5 36	6 42	6 05	0 41, 5 18	9 13	10 07	…
27.8	61	愛宕〃	5 38	6 44	6 07	7 11,	9 15	10 09	…
28.7	63	野田町〃	5 41	6 48	6 10		9 19	10 12	…
31.0	68	梅鄕〃	5 44	6 52	6 14	淸水公園發	9 22	10 15	…
33.3	73	運河〃	5 48	6 55	6 18	柏行	9 27	10 19	…
36.9	78	初石〃	5 53	7 01	6 24	11 18, 1 30	9 32	10 24	…
39.8	78	豐四季〃	5 57	7 06	6 29	3 31, 5 00	9 36	10 28	…
43.0	78	柏(省)著	6 02	7 11	6 34	7 42,	9 41	10 33	…

大宮方面行

粁程	運賃	驛名	302	304	306	102	此ノ間 柏發大宮行	136	214	216
0.0	錢	柏(省)發	…	…	…	6 12	6 50, 7 28	9 10	9 45	10 37
3.2	7	豐四季〃	…	…	…	6 18	8 05, 9 05	9 15	9 50	10 42
6.1	14	初石〃	…	…	…	6 23	9 57,11 17	9 20	9 54	10 46
9.7	22	運河〃	…	…	…	6 29	11 58, 1 19	9 28	9 59	10 51
12.0	27	梅鄕〃	…	…	…	6 33	2 16, 3 10	9 29	10 03	10 55
14.3	32	野田町〃	…	…	6 01	6 38	3 54, 4 18	9 39	10 11	10 58
15.2	34	愛宕〃	…	…	6 03	6 40	4 54, 5 45	9 41	10 13	
16.3	36	淸水公園〃	…	…	6 06	6 44	7 01, 7 53	9 43	10 14	…
20.0	44	川間〃	…	…	6 10	6 48	柏發	9 47		…
23.1	51	南櫻井〃	…	…	6 15	6 53	淸水公園行	9 52	…	…
25.1	55	藤の牛島〃	…	…	6 18	6 56	8 32,10 40	9 56	…	…
27.7	61	粕壁〃	5 24	5 50	6 25	7 02	0 45, 5 18	10 02	…	…
28.8	63	八木崎〃	5 26	5 52	6 27	7 05	6 15 8 25	10 04	…	…
34.4	75	岩槻〃	5 35	6 02	6 37	7 15		10 13	…	…
37.3	82	七里〃	5 41	6 08	6 43	7 20	粕壁發	10 18	…	…
38.9	85	大和田〃	5 43	6 11	6 45	7 22	大宮行	10 20	…	…
40.7	89	大宮公園〃	5 46	6 14	6 48	7 25	1 34, 7 06	10 23	…	…
41.8	92	北大宮〃	5 48	6 16	6 50	7 27	ノモノ運轉	10 25	…	…
43.0	94	大宮著	5 50	6 18	6 52	7 29		10 27	…	…

船橋行

402	404	406	408	410	此間 柏發船橋行	428	430	432	434	粁程	運賃	驛名
…	5 55	6 46	7 30	8 31		6 15	7 05	8 01	9 11	0.0	錢	發柏(省)著
…	6 02	6 53	7 37	8 39		6 22	7 13	8 09	9 19	4.2	10	〃増尾發
…	6 09	7 00	7 44	8 46		6 30	7 20	8 16	9 27	7.3	16	〃高柳〃
…	6 14	7 05	7 48	8 49	9 36　2 17	6 34	7 24	8 19	9 30	9.0	20	〃六實〃
5 24	6 20	7 11	7 55	8 57	10 41　3 14	6 40	7 31	8 27	9 37	12.3	27	〃鎌ケ谷〃
5 29	6 25	7 16	8 00	9 02	11 57　4 12	6 45	7 36	8 32	9 42	14.8	33	〃馬込澤〃
5 34	6 30	7 21	8 05	9 07	1 18　5 09	6 50	7 41	8 37	9 47	17.2	38	〃塚田〃
5 39	6 35	7 26	8 10	9 12	ノモノ運轉	6 55	7 46	8 42	9 52	19.9	44	著船橋(省)發

柏行

粁程	運賃	驛名	401	403	405	407	409	此間 船橋發柏行	425	427	429	431
0.0	錢	發柏(省)著	6 31	7 23	8 19	9 21	10 26		6 45	7 42	8 52	9 40
4.2	10	〃増尾發	6 24	7 16	8 12	9 14	10 19		6 37	7 35	8 44	9 33
7.3	16	〃高柳〃	6 17	7 09	8 05	9 07	10 12		6 29	7 28	8 37	9 24
9.0	20	〃六實〃	6 13	7 05	8 01	9 04	10 08	11 10　3 22	6 26	7 25	8 34	9 21
12.3	27	〃鎌ケ谷〃	6 06	6 58	7 54	8 57	10 02	11 53　4 07	6 19	7 17	8 26	9 14
14.8	33	〃馬込澤〃	6 01	6 53	7 49	8 51	9 56	1 15　4 57	6 14	7 12	8 21	9 09
17.2	38	〃塚田〃	5 56	6 48	7 44	8 46	9 51	2 06　6 04	6 09	7 07	8 16	9 04
19.9	44	著船橋(省)發	5 50	6 42	7 38	8 41	9 45	ノモノ運轉	6 04	7 02	8 11	8 59

「鉄道省編纂時刻表」（昭和16年3月号）

全線開業翌年の新京成電鉄の時刻表（昭和31年）

36. 7. 1 訂補　　松戸 ―― 京成津田沼　㊕ ㊖　（新京成電鉄）

…	458	この間	2220	2240	2326	025	キロ程	円	発松戸㊔着	454	515	602	この間	2355	019
…	506		2228	2248	2334	032	3.8	10	〃八柱発	446	506	554		2346	009
439	512	松戸発	2236	2254	2341	038	7.4	20	〃五香〃	440	500	547	津田沼発	2340	004
443	516	くぬぎ山行	2240	2258	2345		9.6	30	〃くぬぎ山〃	…	456	543	松戸行	2335	2359
455	522	約12分毎	2246	2306	2352	…	13.3	40	〃初富〃	…	450	536	約24分毎	2329	2352
501	531	津田沼行	2254	2312		…	17.1	50	〃三咲〃	…	…	530	三咲行	2322	2346
518	545	約24分毎	2307	2326	…	…	25.0	70	〃藤崎台〃	…	…	517	約12分毎	2308	2333
521	548		2310		…	…	26.2	70	着京成津田沼発	…	…	514		2303	2330

「日本国有鉄道監修時刻表」（昭和32年１月号）

昭和５年当時の東京近郊鉄道路線図

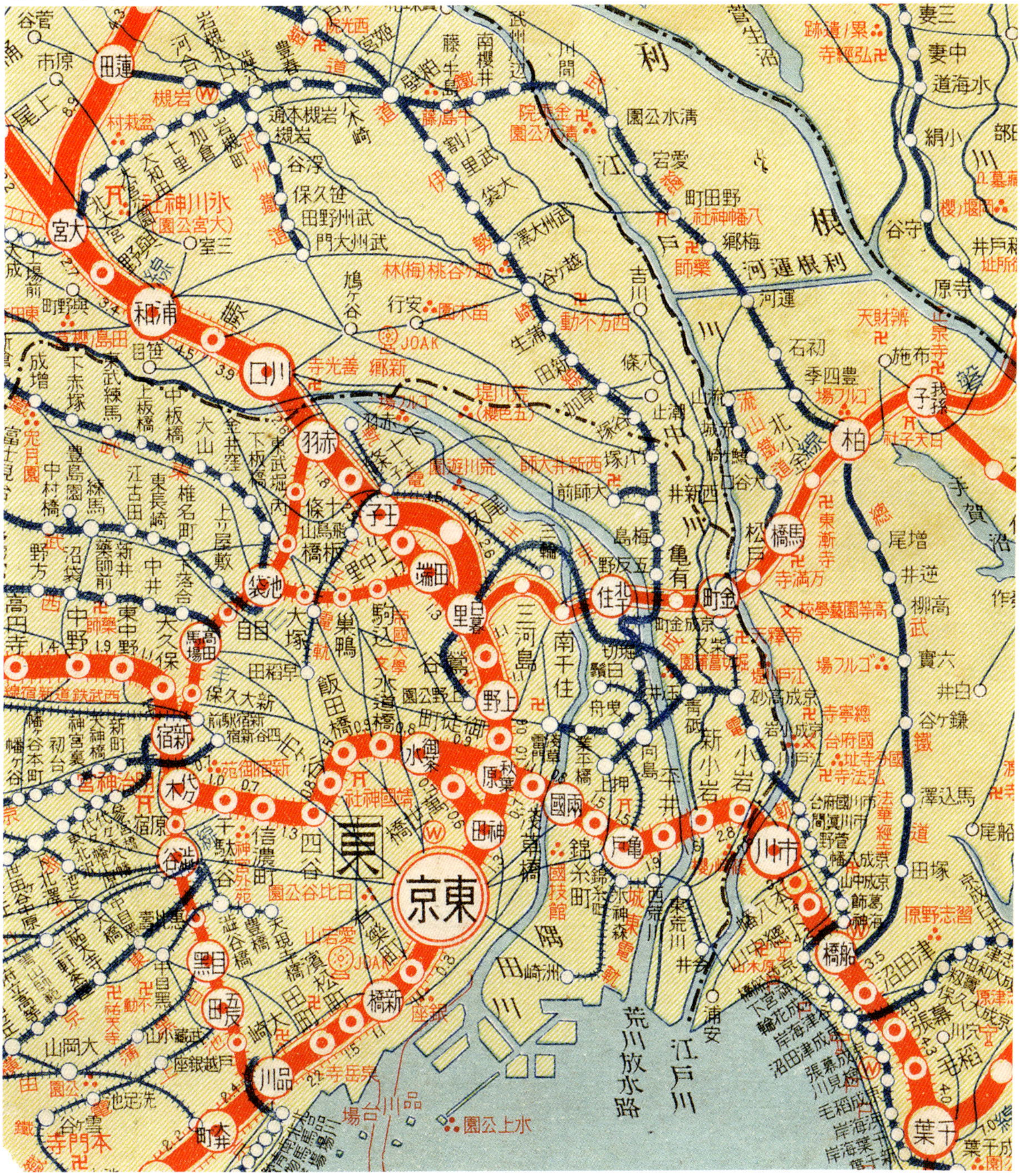

「三省堂 最新鉄道旅行図」

まえがき

東武野田線と新京成電鉄、この２つの鉄道はともに首都圏にありながら都心と郊外を結ぶ放射路線ではなく、環状路線の一部のようなラインを地図上に描いている。これは建設当初に確固たるイメージをもって予定線を引いたのではなく、歴史的な経緯と偶然のなかでできあがった路線だからだといえるだろう。そんななかで、野田線は明治時代に千葉県野田で産する醤油を運ぶ目的で、柏まで建設された路線だった。これが呼び水となって船橋から柏までの北総鉄道が開業し、昭和初期の段階で船橋から大宮までの総武鉄道が成立する。この鉄道がさらには川越、そして八王子という環状鉄道の野望を抱いていたかは定かではないが、昭和５年の全通時には埼玉と千葉を結ぶ62.7kmの路線距離となっていた。

また、新京成電鉄はさらにその建設目的が異色であった。その歴史は明治時代に開拓に失敗した北総台地を利用して、陸軍が戦地の鉄道利用を図るために設置した鉄道連隊の演習場を置いたことに始まる。敗戦後、不要になった演習線を西武鉄道と京成電鉄が争奪したうえ、京成が獲得した歴史がある。

やがてこの２つの路線は東武鉄道と京成電鉄という大手私鉄の傘下で、その中古車両を大事に走らせるローカル路線の印象を強めていく。

しかし、昭和40年代の人口増加期、沿線の大地が団地の適地とされ、高根台、習志野、常盤平、豊四季といったマンモス団地が開発されていく。また近年になって放物線を描くラインを放射線が貫くようにつくばエクスプレスや京成スカイアクセス線、東葉高速鉄道などが接続し、通勤路線として価値がにわかに高まってきた。その結果、わずかの間に関東平野の農村荒野からとてつもない市街地へと変貌を遂げた。また新興住宅街と呼ばれてすでに半世紀が過ぎ、街はなおも変化を続けている。本書は、そんなコマ落としのような移り変わりに、地図と写真で駅ごとに追ってみようと思う。

新津田沼駅に停車する新塗装の8800系、京成津田沼行き。

アーバンパークラインの新名称となった東武野田線、逆井駅にて。

第1部

東武野田線

大宮から船橋まで、首都圏北東の都市を結ぶ路線。その歴史は明治時代に野田から柏まで醤油を運ぶため、千葉県が建設した県営鉄道に始まる。この払い下げを受けた北総鉄道が大宮まで延伸して総武鉄道となり、戦時統合で東武鉄道の路線となった。現在は一部に単線区間を残すものの各駅の改良も進み、アーバンパークラインの愛称で新時代を迎えようとしている。

南桜井～川間間の江戸川橋梁を渡る3000系。

撮影：高橋義雄

Oomiya St.

大《おお》宮《みや》

アーバンパークラインの起点
埼玉の巨大ターミナルは
東武鉄道唯一の新幹線接続駅

所在地	埼玉県さいたま市 大宮区錦町630
ホーム	1面2線(地上駅)
乗降人数	131,710人
開業年	昭和4(1929)年11月17日
キロ程	0.0km(大宮起点)

撮影:小川峯生

▲大宮駅で発車を待つ

東武野田線大宮駅のホームに停車する電車(左)は大宮~岩槻の区間運転。右の留置線には貫通型のモハ7820形も。このころは現在よりもホームは短かった。

▲現在の東武線ホーム

すっかり「野田線」の文字が消えた大宮駅。改札口が南側1ヵ所なので到着時は先頭車両が混雑する。1番ホームが西側で、発着番線が以前とは逆になっている。

▶改築前の大宮駅

夏の昼下がり、人々は1番線の岩槻行き電車に向かう。この当時まだ旧型車両が走っていた。東口にもようやくビルが建ち始めた頃だ。

東北・上越新幹線の分岐駅として、いまでは鉄道の一大ジャンクションになっている大宮駅。絶え間なく列車が発着するその一角に、東武野田線(愛称・アーバンパークライン)は路線全長62.7kmの起点駅を置いている。

JR各線だけで22番線まである巨大ターミナルの北東側にささやかな1面2線の頭端式ホームを置き、やや間借りの感もある野田線の大宮駅だが、1日13万人の乗降数を数え、すぐ隣に位置するJR京浜東北線ホームから野田線ホームを望むことができる。

大宮駅自体の開業は日本鉄道時代の明治8(1885)年と古いが、ここに野田線の前身、総武鉄道が開業したのは昭和4(1929)年のことだった。当初は現在のホームよりも北側の大栄橋(線路を東西に横断する跨線橋)付近に置かれた仮駅での開業だった。

現在のホームは駅ビルの「大宮ルミネ1」に直結する形をとり、西口方面やJRに乗り換えるにはその2階を通過することになる。ともあれ、野田線大宮駅は南側ホーム末端に改札口があるため、朝晩のラッシュ時は大宮側先頭車両が混雑する。逆に北側ホーム末端はかなり狭く、編成が伸びるにつれて(現在6両編成)狭い敷地にホームを延ばした様子がうかがえる。

改札口からは大宮駅東口北が一番近い出入口で、ここから「大宮」の由来となった氷川神社までは徒歩20分の距離。駅と神社の間は昔ながらの歓楽街になっている。

▲新幹線開業前の大宮駅

セイジクリーム塗装の3000系電車が発着する野田線大宮駅。隣接する国鉄大宮駅には貨物列車が見える。駅構内では東北新幹線の高架工事も始まっている。

▲大宮駅の野田線改札口

まだ自動改札機が導入される前で「定期券ははっきりお見せ下さい」の文字も見える。このころ頃に野田線の車両が20m級に置き換えられ、全車が冷房化された。

▼かつての大宮駅東口

正面には印象的な構えの2代目大宮駅舎が見える。この駅舎右手に東武野田線乗り場があった。この東口にはこの後、昭和43年に民衆駅として駅ビルが建てられた。

古地図探訪　大宮駅付近

国鉄大宮駅東口の北側に置かれているホームから延びる東武野田線は、しばらくは東北本線と同じ経路をとり、東北に進むことになる。この地図上には、武蔵一宮（あるいは三宮）として有名な氷川神社の最寄り駅となっている北大宮駅は、見ることができない。

この両線のほか高崎線が南北に貫き、その東側には旧中山道（埼玉県道164号線）、西側には中山道（国道17号）が走る。駅東口の先、現在のさいたま市大宮区役所の場所には、この時期、大宮市役所が置かれていた。また、その先の「大門町」付近の交差点からは、氷川神社へ真っ直ぐな長い参道が延びている。一方、駅の北西には、旧国鉄の大宮工場があった。

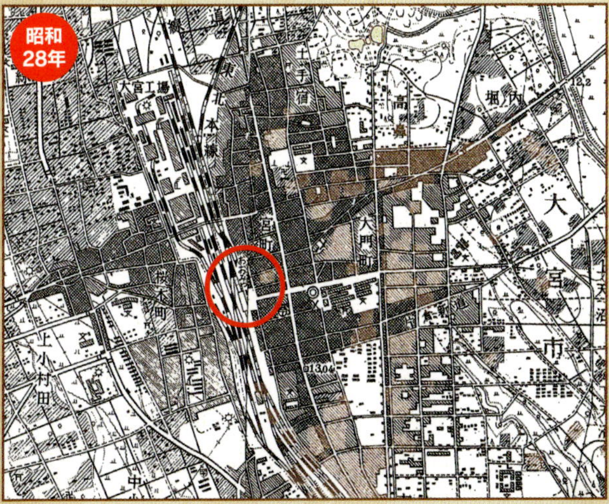

Kitaoomiya St. / Oomiyakouen St. / Oowada St.

北《きた》大《おお》宮《みや》・大《おお》宮《みや》公《こう》園《えん》・

東北本線と並んだ北大宮のホーム
公園と盆栽町の玄関・大宮公園駅

改築前の北大宮駅

国鉄東北本線に沿って建てられた北大宮駅。平屋の駅舎だが本格的な駅事務室も備えていた。ホームには構内踏切で連絡。停車中の野田線電車も見える。

【北大宮駅】

所在地	埼玉県さいたま市 大宮区土手町3－285
ホーム	1面2線(地上駅)
乗降人数	6,085人
開業年	昭和5(1930)年4月12日
キロ程	1.2km(大宮起点)

【大宮公園駅】

所在地	埼玉県さいたま市 大宮区寿能町1－172－1
ホーム	2面2線(地上駅)
乗降人数	9,997人
開業年	昭和4(1929)年11月17日
キロ程	2.2km(大宮起点)

【大和田駅】

所在地	埼玉県さいたま市 見沼区大和田町2－1774
ホーム	2面2線(地上駅)
乗降人数	9,135人
開業年	昭和4(1929)年11月17日
キロ程	4.0km(大宮起点)

大宮公園駅

通勤通学客の自転車で埋め尽くされた大宮公園駅。駅頭に繋るヒマラヤ杉も現在は大木に成長した。

改築した北大宮駅

改札口がマンションのビル1階に移転したころ。奥には80円の自動券売機も見える。このころからスーパー併設の駅だった。

かつての大和田駅

周囲に雑木林があったころの大和田駅。本屋にひさしを巡らせ、柱は鉄骨組みだった。この駅舎を改修していまでも使っている。

JRの多数の線路が並んだ大宮駅の北側を、東武野田線もこれに沿って北上する。この北大宮～大宮間は昭和32(1957)年に複線化され、北大宮駅は島式1面2線のホームとなった。そのホームから地下通路で駅舎に連絡する。上階はマンション、隣に東武ストアがある駅舎は一見鉄道の駅には見えない構えだ。

駅前は住宅街の路地に面した駅だが、NACK5スタジアム（Jリーグ大宮アルディージャの本拠地）や鉄道博物館へも徒歩圏内である。

東武の線路がJR東北本線から東に分かれていったところに大宮公園駅がある。ここには駅が開業した昭和4(1929)年以来と思われる平屋の木造駅舎が残り、長らく大宮公園への玄関の役割を果たしてきた。駅舎は屋根に猫耳のようなドーマー窓を飾った趣のある木造建築で、駅頭に茂る巨木とともに素敵な駅風景をつくりだしていた。しかし、東武鉄道では平成27(2015)年度スタートの計画で駅舎改築を発表している。

電車が見沼の田んぼを通過し、ふたたび市街地に入ったところに大和田駅がある。ここはまさに広い水田地帯だったことに由来する地名で、構えの大きな木造の駅舎が残っている。いまでは商店街に変貌した駅周辺だが、太平洋戦争中は空襲を避けるためこの駅から北に引き込み線が延び、森の中に国鉄大宮機関区の多数の蒸気機関車を避難させていたという。しかし、その痕跡は残っていない。

大《おお》和《わ》田《だ》

▲大和田付近を走る8000系

さいたま市見沼区を流れる芝川橋梁付近には広い湿地帯が残されている。

▲大和田付近を走る電車

まだ単線だったころの大和田付近を走る大宮行き7820形電車。この当時はまだ２両編成で、12月の冬枯れの野を釣り掛けモーターの音を響かせて走っていた。

▶北大宮駅と8000系

JR宇都宮線の電車から見た北大宮駅、前方の踏切の先から野田線は右方向に分岐する。停車するのは8000系電車。東武線の架線柱の形がユニークだ。

古地図探訪

大宮公園・大和田駅付近

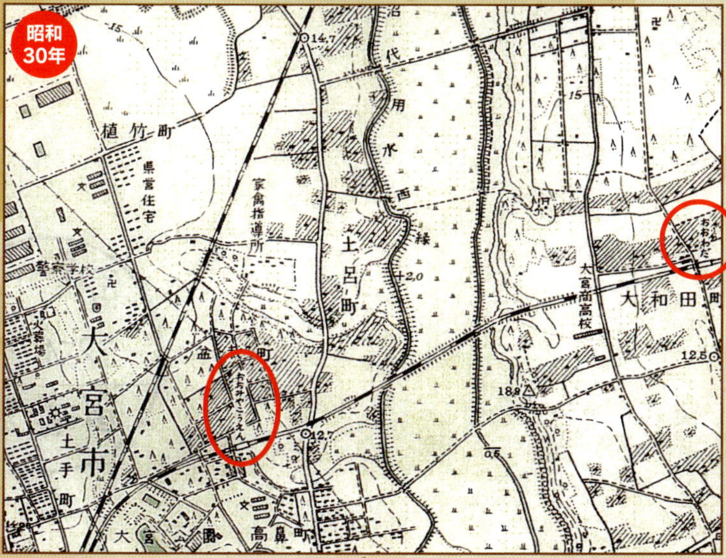

東北本線と分かれて北東方向に向かう東武野田線上には、北大宮駅の１つ先の大宮公園駅、２つ先の大和田駅が置かれている。大宮公園駅の南側に見える「文」の地図記号は、現在のさいたま市立大宮北中学校である。また、その西南の大宮公園内には現在、埼玉県立歴史と民俗の博物館、大宮公園体育館、大宮競輪場などが存在している。

駅の北側には、現在も５軒の盆栽園がある「盆栽町」（大宮盆栽村）という珍しい町名が存在している。東武野田線の線路が芝川を越えてすぐ、線路の南側にあるのが埼玉県立大宮商業高校である。この学校は昭和19（1944）年、埼玉県大宮女子商業高校として設立され、戦後、大宮市立高等学校を経て、昭和31（1956）年に現在の県立校となった。

Nanasato St.

七《なな》里《さと》

明治の地名を伝える駅名
都市の周辺にあって
静かな私鉄駅の雰囲気を残す

所在地	埼玉県さいたま市 見沼区風渡野603
ホーム	2面2線（地上駅）
乗降人数	20,399人
開業年	昭和4（1929）年11月17日
キロ程	5.6km（大宮起点）

昭和40年

撮影：荻原二郎

◀郊外風景の七里駅

事務室と改札口スペースの簡単な駅舎。それでも玄関に駅名看板を掲げて駅らしい構えを見せている。沿線案内の手書き看板も楽しい。公衆電話は駅前にある。

▼改修後の七里駅

改札口スペースを広げて、ほとんど現在の形になった七里駅の様子。駅頭に新聞売りが店開きしている。構内踏切でホームに連絡。初詣の時期だろうか。

昭和50年

撮影：山田虎雄

現在

◀現在の七里駅

構内には側線やその痕跡も広く残っており、貨物列車盛況時代を偲ばせる。近隣には大規模団地も点在。

さいたま市の郊外を走っている東武野田線だが、この七里駅付近は昭和30年代までは農村地帯だった。現在はさいたま市見沼区になっているが、駅名になっている「七里」は大正2（1913）年から昭和30（1955）年まであった七里村に由来するもので、明治時代に七ヵ郷をまとめて村になったことからこの名となった。

また、駅の周辺は風渡野《ふっとの》という字《あざ》名も残り、これは子孫繁栄を信仰する女性の体に由来するものだとも言われている。ともあれ現在では駅前周辺から住宅街が続き、ところどころに雑木林が点在する新旧交ざり合った風景の中を電車が走っている。

駅は相対式2面2線ホームで南西側の駅舎と跨線橋で連絡。柏方面行きホームの北側には比較的新しく保線車両留置用の側線も設けられた。この駅には戦時中にガソリン不足でトラックが使えなくなり、その代替として東武線で食糧増産のために肥料輸送を行っていた歴史も伝えられている。かつては駅周辺に畑や水田が広がっていたことを伝えるできごとだ。

木造平屋の駅舎は改札口主体の待合室のないタイプで、隣に駅事務室を構えている。その姿は雑木林を借景にして、どことなく昭和の私鉄駅らしい趣も漂わせている。駅前にはささやかな商店街もある。

△七里駅前の風景

いまから30年以上前の七里駅前の様子。自転車預かりの店のあふれんばかりの自転車と不動産広告の数々。中央奥にはわずかに野田線の架線も見える。

◁岩槻方面への電車

七里駅を出た電車を後方から撮影。この先に踏切があり遠くには送電線も見える。電車はこの先で右カーブして岩槻に向かう。走るのは旧塗装の3000系。

△七里駅近くのカーブ

左写真の岩槻寄り。後ろの送電線鉄塔も見える。架線柱はコンクリートポールに変わったが、風景はさほど変わらない。

古地図探訪

七里駅付近

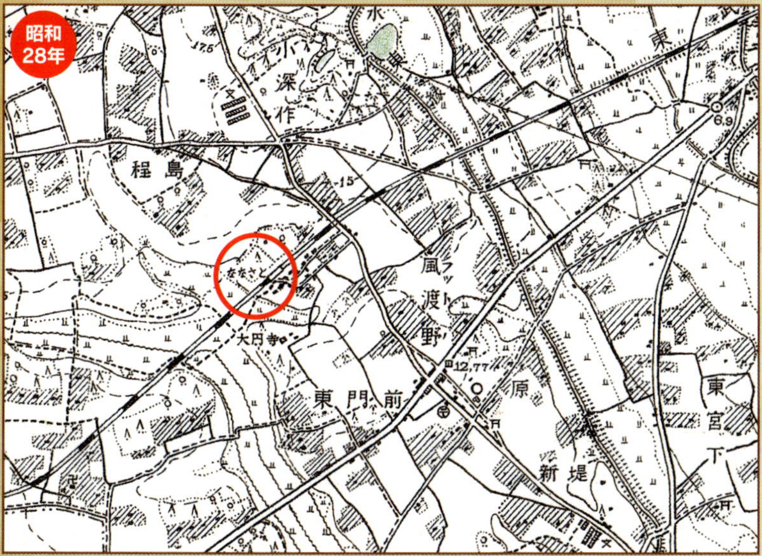

この駅の所在地である「風渡野（フットノ）」という地名が東側に見える。この当時は、北足立郡七里村で、昭和30（1955）年に大宮市に編入された。それ以前は風渡野村、門前村、宮下村などがあり、この七ヶ郷（村）が合併し、大正2（1913）年に七里村となった。現在はさいたま市見沼区に属し、七里駅の西、大和田駅の北東に見沼区役所が置かれている。

駅の南東には、埼玉県道2号線と322号線、105号線が交わる「七里駅入口」の交差点がある。この付近には七里郵便局があり、天神社の「鳥居」の地図記号も見える。現在は風渡野緑地公園もある。また、駅のすぐ南には大円寺が存在する。

Iwatsuki St.

岩《いわ》槻《つき》

現在高架駅に改築中　駅周辺も変貌著しい　東武野田線の西部エリア中核都市

所在地	埼玉県さいたま市 岩槻区本町1－1－1
ホーム	2面3線(地上駅)
乗降人数	35,349人
開業年	昭和4(1929)年11月17日
キロ程	8.5km(大宮起点)

撮影：石本祐吉

◀岩槻駅の5000系

古くから大宮～岩槻間の区間運転も行われてきた。上り下りの間、2番線で発車を待つ大宮行き5000系電車。ラッシュ時以外は留置線に電車も待機している。

提供：さいたま市

▲岩槻駅前

昭和40年代、のどかな雰囲気が漂う岩槻駅前。駅頭には売店があり、電話ボックスやタクシーも懐かしい。この年の秋、第22回埼玉国体が開催された。

提供：さいたま市

◀駅舎改修後の駅前

駅舎玄関にあったひさしが撤去され、駅前ロータリーも整備された昭和50年代の夏、隣に東武ストアも開店した。「人形の町」のモニュメントも新しい。

柏方面行き電車が七里駅を過ぎると、綾瀬川がつくりだした低地の水田地帯を横断する。ここには南北方向に国道122号と東北自動車道という道路交通の大動脈も通っており、電車はそれを上に見た後に小台地をなす岩槻市街に入っていく。

岩槻駅は東武野田線の西部では中核をなす駅で、昭和4(1929)年の北総鉄道開業時は岩槻町駅という名だった。その後、総武鉄道になっていた昭和14(1939)年に岩槻駅と改称している。室町時代に太田道灌が築いた岩槻城(岩槻城址公園)は駅から東に約1kmの距離、この園内には東武のデラックスロマンスカー1720系の先頭車両が静態保存されている。

そんな岩槻駅構内には島式ホームと片面ホームの2面3線のほかに、3線の留置線がある。このうち真ん中の2番線ホームからは朝の一番電車が、大宮と船橋方面へ始発で発車する。岩槻駅では長らく正面口でもある東口に木造駅舎を構えていたが、現在大規模な工事中で、平成28(2016)年6月には東西の連絡通路を持つ高架駅になる予定だ。

また、東口駅前のロータリーを挟んで旧岩槻市庁舎だったさいたま市岩槻区の庁舎がそびえ、新たに設けられる西口にも高層マンションが計画されるなど、近い将来、風景が大きく変わる模様だ。

△1720系特急も展示

岩槻城址公園にはかつての東武の看板特急、1720系電車が静態保存されている。土・日・祝の日中は内部の見学も可能。岩槻駅から徒歩約20分で、バスもある。

△改築工事前の岩槻駅

岩槻駅舎は平成28年度完成予定で橋上駅に改築工事が進められている。将来は南北自由通路も計画。北口にはすでに高層マンションも建ち並んでいる。

古地図探訪　岩槻駅付近

東武野田線の南側を走る道路は岩槻街道で、かつては国道16号となっていた。現在は埼玉県道２号線であるが、岩槻駅の南側部分は、東京都豊島区から栃木県日光市に延びる国道122号の一部となっている。また、現在はこの南側に国道16号（バイパス）が通り、駅の南西で東北自動車道、国道122号バイパスと交差している。

この当時は、駅の東側に町役場の地図記号が見える岩槻町だったが、昭和29（1954）年に市制が施行されて岩槻市になり、平成17（2005）年にさいたま市に編入されて、同市岩槻区となった。現在は駅前東側に岩槻区役所がある。駅の南側に見える「卍」の地図記号は芳林寺、北東に見える「鳥居」の地図記号は愛宕神社である。

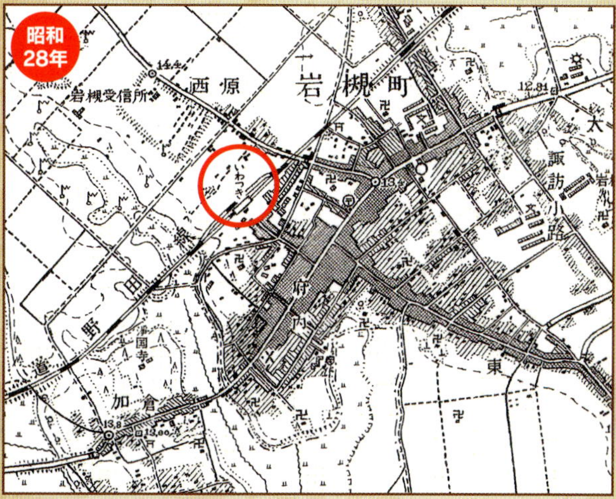

◁岩槻駅を出発した大宮行き電車

ベージュにオレンジの旧塗色時代。電車は岩槻から大宮に向かう。３扉と２扉車が混在している。駅構内の貨物側線にはまだ貨車の姿も見える。

△岩槻駅舎改修事業

現在、橋上駅舎及び東西自由通路設置工事を進めている。

Higashiiwatsuki St. / Toyoharu St. / Yagisaki St.

東岩槻《ひがしいわつき》・豊春《とよはる》・八木崎《やぎさき》

新興住宅地の駅として誕生した東岩槻
開業時からの歴史を持つ豊春と八木崎

開業時の東岩槻駅

真新しいホームや跨線橋と地上駅舎が完成したころの東岩槻駅。すでに周辺は住宅地として分譲が始まっている。この駅舎は平成18年に橋上駅となった。

地上駅時代の豊春駅

線路の東側にあった豊春駅舎。改札口の屋根を増築している。急増した利用者の自転車が駅前にあふれる。

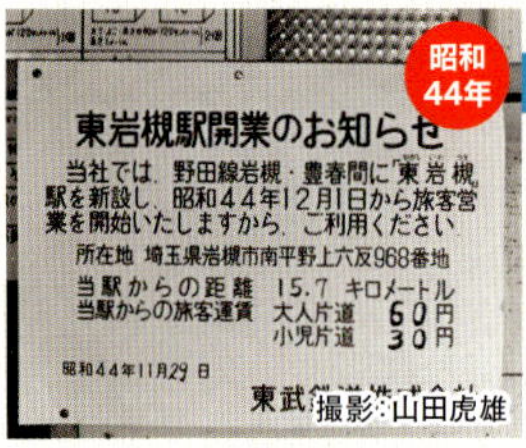

東岩槻駅開業のお知らせ

当社では、野田線岩槻・豊春間に「東岩槻」駅を新設し、昭和44年12月1日から旅客営業を開始いたしますから、ご利用ください

所在地 埼玉県岩槻市南平野上六反968番地

当駅からの距離 15.7 キロメートル

当駅からの旅客運賃 大人片道 60円 小児片道 30円

昭和44年11月29日

東武

開業の告知

昭和44年の11月29日、東武線の各駅に貼りだされた東岩槻駅開業のお知らせ。開業日は12月1日だった。

【東岩槻駅】

所在地	埼玉県さいたま市 岩槻区東岩槻1－12－1
ホーム	1面2線(地上駅(橋上駅舎))
乗降人数	20,124人
開業年	昭和44(1969)年12月1日
キロ程	10.9km(大宮起点)

【豊春駅】

所在地	埼玉県春日部市上蛭田136－1
ホーム	2面2線(地上駅(橋上駅舎))
乗降人数	13,479人
開業年	昭和4(1929)年11月17日
キロ程	12.2km(大宮起点)

【八木崎】

所在地	埼玉県春日部市粕壁6946
ホーム	2面2線(地上駅)
乗降人数	10,293人
開業年	昭和4(1929)年11月17日
キロ程	14.1km(大宮起点)

八木崎駅

昭和4年の開業時以来の駅舎を使っていた昭和40年ごろ。このような小規模駅でも団体旅行を主催して増収を図っていた。

白亜の橋上駅舎を持つ東岩槻駅は駅の両側にロータリーも整備され、整った姿を見せている。新興住宅街に囲まれた駅は、岩槻の中心街から見て元荒川を渡ったところにあり、開業は昭和44（1969）年と比較的新しい。付近は長らく単線で運行していた路線だったが、平成11（1999）年に岩槻～東岩槻間、平成16（2004）年に当駅と春日部間の複線化が完成。これに合わせて駅舎の改築が始まり、平成18（2006）年に竣工した。

豊春駅はすでに春日部市内に入ったところにあって、周囲には団地やマンションが目立つようになる。ここは相対式ホームの橋上駅で、駅舎は東武ストア豊春店の建物と一体化している。正面口は車寄せがある東口だが、賑わいがあるのは東武ストア側のある西口だ。駅名は明治22（1889）年に、この地に開設された豊春村（昭和29（1954）年に春日部市に合併）に由来する。

八木崎駅は古レールを多用した平屋の駅舎を持つ静かな雰囲気の駅だ。駅前には桜の古木が茂り、小振りなロータリーもあるシンプルな構内だが、自動改札を5基並べてラッシュ時に備えている。ここも路線開業時の昭和4（1929）年以来の駅で、2面2線の相対式ホームと跨線橋で連絡。駅の北側には埼玉県立春日部高校があり、北西約1.2kmには広大な園内に小川も流れる内牧公園がある。

野田線を走る優等列車

いまでは生活路線として定着している東武野田線（アーバンパークライン）だが、平成24（2012）年の東京スカイツリー完成にともなって、大宮発とうきょうスカイツリー停車の浅草行き展望列車「スカイツリートレイン」が臨時特急として運転された。現在は土曜日の大宮発浅草行きが設定され、途中の停車駅は春日部・北千住・とうきょうスカイツリーとなっている。

この野田線には過去にも急行が走った歴史がある。昭和44（1969）年から昭和47（1972）年まで5700系電車を使い、大宮〜春日部〜東武日光・鬼怒川まで春と秋の臨時急行として「きりふり」（東武日光行き）「りゅうおう」（鬼怒川行き）が運転された。また、平成2（1990）年には1720系電車を使った団体列車「大宮市民号」も運転されたが、野田線から日光・鬼怒川方面の優等列車はいずれも定着しなかった。

八木崎駅を通過する大宮発浅草行きの特急「スカイツリートレイン」。

△八木崎駅

雑多な電車を組み合わせた4両編成が走っていたころ。簡素な駅舎も見える。この昭和40年当時もまだ単線だった。八木崎駅はいまでも地上駅のままだ。

△八木崎駅に停まる船橋行き

昭和30年代の八木崎駅。土盛りのホームから船橋行きの古色蒼然とした電車が発車していく。赤い腕章の車掌が顔を出している。まだ周囲には畑が広がっている。

古地図探訪　東岩槻・豊春・八木崎駅付近

豊春と八木崎の両駅は東武野田線上にあるが、東岩槻駅は昭和44（1969）年の開業のため、この地図上には見えない。東武野田線は岩槻駅を出ると、しばらくして元荒川を渡り、東岩槻駅に至る。貝塚が残る「花積」付近に置かれているこの東岩槻駅までが岩槻町内（さいたま市岩槻区）で、豊春駅は豊春村にあった。昭和29（1954）年、春日部町などと合併して、春日部市が誕生している。

八木崎駅の北側には、埼玉県立春日部高校が存在する。また、この北側には、春日部八幡神社、御嶽神社が鎮座する八幡公園がある。東武野田線の南側を走るのは現在の埼玉県道2号線（旧道）で、その南側に国道16号（新道）が通っている。

Kasukabe St.

春《かす》日《か》部《べ》

所在地	埼玉県春日部市粕壁1－10－1
ホーム	3面7線（地上駅）※2本の通過線含む
乗降人数	72,401人
開業年	明治32（1899）年8月27日
キロ程	15.2km（大宮起点）

伊勢崎線の接続駅として昭和4年に開業 かつては総武鉄道の駅だった

提供：春日部市

▲春日部駅東口

ミニスカートが流行していたころの春日部駅東口。これは朝の通勤風景だろうか。木造平屋の駅舎は改装を重ねて現在も使われている。駅前はその後、広場に整備されている。

撮影：荻原二郎

▲春日部駅構内

春日部駅構内を走るクハ265を先頭にした大宮行き4両編成。屋根のお椀形ベンチレーターに特徴があった。

撮影：山田虎雄

▲野田線のホーム

春日部駅野田線ホームに停車中の大宮行きクハ562。この電車は戦後に製造されたサハ80形を改造したもの。この当時の野田線は旧型電車ばかりだった。

◀現在の春日部駅

埼玉県を代表する都市に設置された春日部駅。構内の雰囲気は往年の国鉄の主要駅にも似ている。

　東武野田線と伊勢崎線（スカイツリーライン）との接続駅で、駅の西口寄りに島式1面2線の7・8番線ホームを持つ。この駅は昭和4（1929）年に、当時は東武とは異なる北総鉄道として開業しただけに、伊勢崎線ホームと微妙な距離感をもって置かれている。いまも大谷石積みのホームや屋根を支える柱の多くが木製のままで、将来予定されている連続立体交差化を待つ雰囲気も漂っている。その柱には野田線はブルー、伊勢崎線はオレンジとラインカラーが塗られている。この2線の乗り換えだけで1日6万人を数え、駅構内は終日混雑している。

　さて、春日部駅自体の開業は東武鉄道開業時の明治32（1899）年にさかのぼり、当初は粕壁という表記であった。それというのも駅東側は日光街道粕壁宿として江戸時代から栄えたところで、さらにさかのぼれば南北朝時代の武将新田義貞の家臣、春日部重行の領地であったことにも由来するという。そうしたことから駅の所在地は春日部市粕壁となっている。

　野田線の線路配置はホーム東側に5本の留置線を持ち、朝晩のラッシュ時には大宮～春日部間の列車も運転されている。

　また、時おり臨時運転される伊勢崎線下り方面への直通列車はこの駅でスイッチバックすることになる。野田線では大宮から見て「柏・船橋方面」が「下り」とされ、当駅から運河駅までが一部を除き単線区間となる。

◀春日部駅西口

西口駅前を整備中の様子。駅頭の大木は現在も残っている。その右手では立体駐輪場を建設中。駅前広場にはおびただしい量の自転車が並んでいる。

▲貨物列車の車掌車

まだ貨物輸送が盛んに行われていた当時の春日部駅。貨物列車の最後尾に連結される車掌車（緩急車）も見られた。

▼春日部駅ホームから

腕木式信号機もあった春日部駅野田線ホーム。この当時はタブレット交換も考慮して運転席は進行方向右手にあった。

▲モハ3262形電車

春日部駅の南方を走る大宮行きモハ3262形電車、これは元の運輸省規格型電車クハ423に、制御電動化改造を施したもの。左側に伊勢崎線の線路も見える。

古地図探訪　春日部駅付近

現在は人口20万人を超える都市となった春日部市だが、この当時は春日部町であり、市街地の規模も小さかった。地理的には、街の北側を大落古利根川が流れ、東側を国道４号（日光街道）が通っている。この地をほぼ東西に東武野田線が通り、南北に東武伊勢崎線が通っている。

春日部町時代の町役場は駅の北東にあったが、現在の春日部市役所は駅の南側に存在する。現在は春日部駅の北、東武伊勢崎線上に北春日部駅があるが、昭和41（1966）年の開業のため、この地図上には見えない。駅の東側に見える「文」の地図記号は春日部市立粕壁小学校、また、国道４号の東側に見える「文（女高）」は埼玉県立春日部女子高校である。

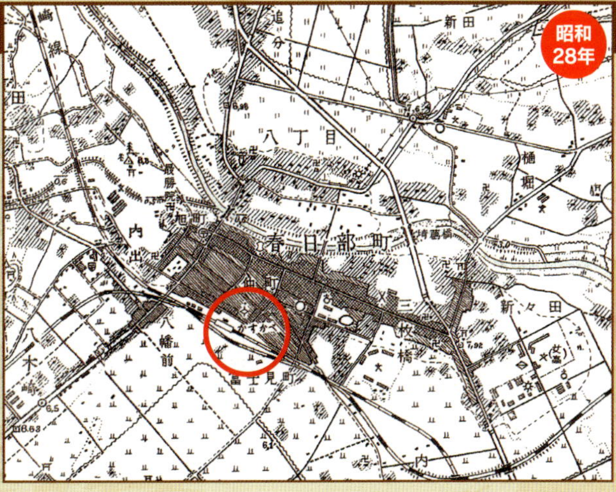

Fujinoushijima St. / Minamisakurai St.

藤《ふじ》の牛《うし》島《じま》・南《みなみ》桜《さくら》井《い》

弘法大師由来の藤の名所、藤の牛島駅
宅地開発などで何度も移転した南桜井駅

【藤の牛島駅】

所在地	埼玉県春日部市牛島1576
ホーム	2面2線(地上駅)
乗降人数	7,178人
開業年	昭和5(1930)年10月1日
キロ程	17.8km(大宮起点)

【南桜井駅】

所在地	埼玉県春日部市米島1185
ホーム	2面2線(地上駅(橋上駅舎))
乗降人数	14,793人
開業年	昭和5(1930)年12月9日
キロ程	20.6km(大宮起点)

撮影：荻原二郎

▲藤の牛島駅

春日部方面行きホームに隣接していた駅舎。手小荷物扱い所の窓口も懐かしい。このころは、駅前はまだ未舗装で周囲は農地だった。ホームの先に中川を渡る鉄橋が見える。

提供：春日部市

▲南桜井駅

昭和31年に、移転したときに建てられた駅舎。金属屋根で窓が大きな開放的な駅舎だった。タクシーが客待ちしている。

◀現在の藤の牛島駅

駅舎は改築されているが、建物は同じ場所にある。駅頭に藤棚があり、周囲の環境は大きく変わっている。

◀現在の南桜井駅

ホームを囲むような橋上駅舎は昭和58年に建設。この北口駅前にはロータリーも整備された。駅周辺には大きな団地が集まる。

春日部駅から運河駅までほぼ単線区間となる東武野田線では、これより先の各駅に列車交換施設を設け、首都圏の単線路線としてはトップクラスの運転密度（ラッシュ時7.5分毎、日中10分毎）で電車を走らせている。

藤の牛島駅は相対式ホームを持ち、南側は一部2階建ての駅舎となっている。駅周辺は静かな住宅街で、西側には大落古利根川が南北に流れている。開業は昭和5(1930)年で、当初は「牛島駅」で、翌年に「藤の牛島駅」となった。駅名は徒歩約15分にある特別天然記念物「牛島の藤」からとったもので、樹齢1000年以上という藤の巨木が毎年初夏に花をつけている。

南桜井駅は昭和5（1930）年に長沼臨時停留場として開業したが、翌年、長沼停留場として常設駅になった。しかし、2年後に400m柏寄りに移転して南桜井と改称。その後、昭和18（1943）に現在の駅舎の場所に米島貨物駅が開業したものの2年足らずで休止となった。昭和31（1956）年にかつての米島駅の跡地に新たに南桜井駅が移転のうえ開設された。

周辺は中川と江戸川に挟まれた小丘陵にあって、当初は中川近くの小集落にあった駅が、やがて丘を宅地開発したことによって駅が移転したことがうかがえる。現在の駅舎は昭和58(1983)年に橋上化され、比較的大振りな駅舎を構えている。また、当駅から柏寄りに約400mの複線区間（駅構内扱い）があり、列車のすれ違いが行われている。

撮影:高橋義雄

◀江戸川鉄橋

南桜井～川間間の江戸川鉄橋を渡る5700系クロスシート車。堂々の6両編成で走る。これは修学旅行列車など臨時列車のよう。この川を越えると千葉県に入る。

▼南桜井駅と工場

駅の北側には置き時計メーカー、リズム時計の工場があった。それ以前は精工舎の工場だった。現在はショッピングモールになっている。

提供:春日部市

▲南桜井駅ホーム

橋上駅に改築以前の南桜井駅構内。大谷石が使われていた南桜井駅のホーム、手前には2番線に渡る構内踏切がある。旧塗装の3000系電車が停車中。

提供:春日部市

古地図探訪　藤の牛島・南桜井駅付近

東西に走る東武野田線は、藤の牛島駅の西側で南北に走る埼玉県道10号線、東側では中川の流れを渡り、さらに現在では南桜井駅との中間付近で、越谷春日部バイパス（国道4号新道）と交差する。その先では、県道42号線を越えることになる。藤の牛島駅の北西には、国の特別天然記念物「牛島の藤」がある。この藤の花の名所は元真言宗の寺院、蓮花院の境内にあったが、明治初期に廃寺になって、現在は住宅地の一角にある。

一方、南桜井駅の北側には、花蔵院の「卍」の地図記号が見える。また、駅の西側には蓮花院があり、香取神社、八幡神社も残っている。この付近には現在、春日部市立葛飾中学校も開校している。

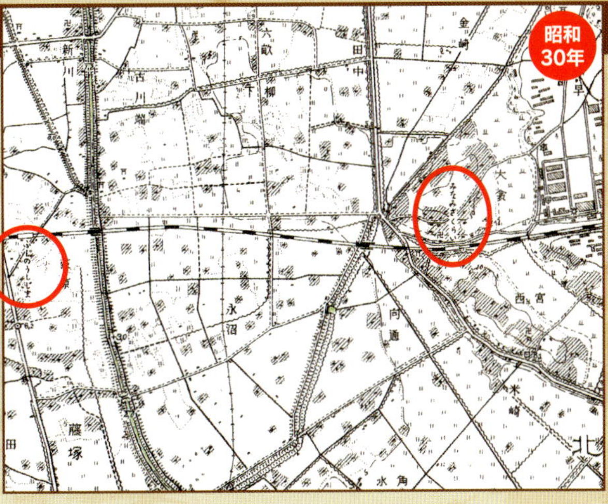

Kawama St.

川《かわ》間《ま》

江戸川と利根川に挟まれた 千葉県最北の野田市にあって 近年は住宅地としても発展してきた

所在地	千葉県野田市尾崎832
ホーム	1面2線(地上駅)
乗降人数	17,322人
開業年	昭和5(1930)年10月1日
キロ程	22.9km(大宮起点)

提供：野田市

▲江戸川橋梁

江戸川の川船と総武鉄道時代の江戸川橋梁の風景。昭和５年完成の長大な鉄道橋で、昭和30年に江戸川の河川改修で一部が改修された。この区間は現在も単線だ。

▲川間駅北口

ホーム末端に改札口をおき、南北に貫く地下自由通路に連絡する構造の駅。それぞれの出入口に駅ビルも隣接。北口から関宿方面へのバスも発着する。

◀川間駅南口

南口の駅前には比較的大きなロータリーも完成した。地下から上る玄関両側に喫茶店と居酒屋が営業中。駅から徒歩７分ほどで江戸川河川敷に出る。

提供：野田市

▲総武鉄道時代の江戸川橋梁

写真の昭和14年当時、江戸川の川幅は現在の半分ほどでトラスの分しかなかった。その鉄橋を柏行きの電車が轟音とともに疾走した。

柏に向かう東武野田線の電車が埼玉・千葉の県境をなす江戸川を渡った野田市にあるのが川間駅だ。この江戸川橋梁は全長約380mのワーレントラス橋（一部）で、野田線内では最長となっている。

川間駅は駅名でもわかるとおり、江戸川と利根川という２つの大河に挟まれたところに位置している。昭和５(1930)年に総武鉄道清水公園～粕壁間の開通時に開業した駅は、千葉県営鉄道時代の野田駅（現・野田市駅）の駅舎を移築して使用したという（旧駅舎の部材は清水公園内に移築されたが、いまは野田市が保管）。現在の駅舎は昭和45(1970)年に改築された地上駅で、１面２線の島式ホームの春日部より末端に改札口があり、地下通路で南北の出入口に連絡している。また構内の春日部寄りに留置線も設けられている。

駅の周辺は1970年代から大規模な宅地開発が行われ、南口には駅出入口の両側にレストランなどの商業施設がある。また、北口は駐車場などの広場となっているが、今後再開発の予定という。ここは千葉県内最北の駅でもあり、県内北端の関宿《せきやど》地区へのバスも発着している。

野田線は川間駅の東側で大きく進路を変えて柏・船橋方向に南下することとなる。単線ながら複線分の用地を確保して延びる路線は、隣の七光台駅との間に車両基地、南栗橋車両管区七光台支所を置いている。

◀江戸川橋梁

柏行きの8000系電車が江戸川橋梁を渡る。この橋は昭和5年の総武鉄道時代に建設され、昭和30年の河川改修で下流側に移設された。川の中にかつての橋台も残る。

▲川間駅構内

ホーム延長工事中で仮設のホームに進入する旧塗色の3000系電車。この当時は沿線人口の増加で編成も長くなり、各駅では駅構内の改修に追われていた。

▲拡幅後の江戸川橋梁

昭和30年に拡幅工事が施された江戸川。野田線の橋梁も両端を延長した。工事完成直後の様子、橋本体も下流側にずらしたため、古い橋脚が写っている。

◀野田線の電気機関車

昭和60年3月に野田市駅の貨物取り扱いが廃止されるまでは、野田線内でも貨物列車の姿が見られた。これは江戸川橋梁を走るED5065。東芝製の45t車で平成8年に引退した車両だ。

古地図探訪　川間駅付近

南桜井駅を出た東武野田線は、江戸川の流れを渡り、千葉県内に入る。線名にもなっている野田市が誕生したのは昭和25 (1950) 年だが、川間村と福田村を合併したのは昭和32 (1957) 年であり、この地図のころ、川間駅は川間村にあった。また、地図上に見える「五木新田」や「七光」のあたりは昭和25年までは、七福村だった場所である。

この駅の周辺には目立つ建物などは少ない。駅から北に延びる千葉県道194号線沿いの「金島」付近には、毘沙門天堂が見える。駅の東、線路の南側にある「鳥居」の地図記号は神明大神社である。現在はその東側に野田市立北図書館ができている。

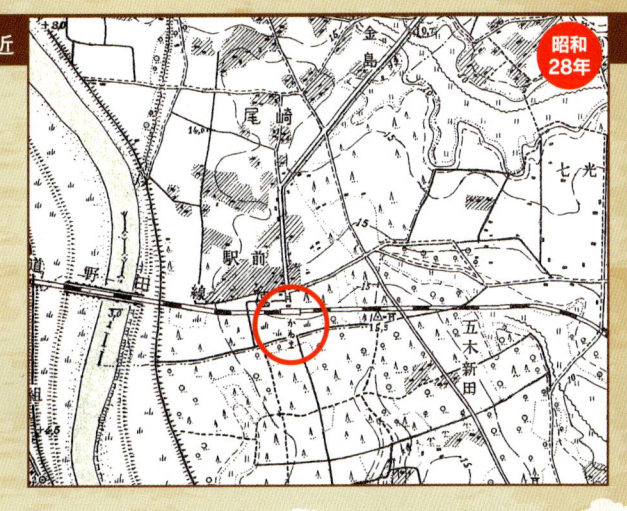

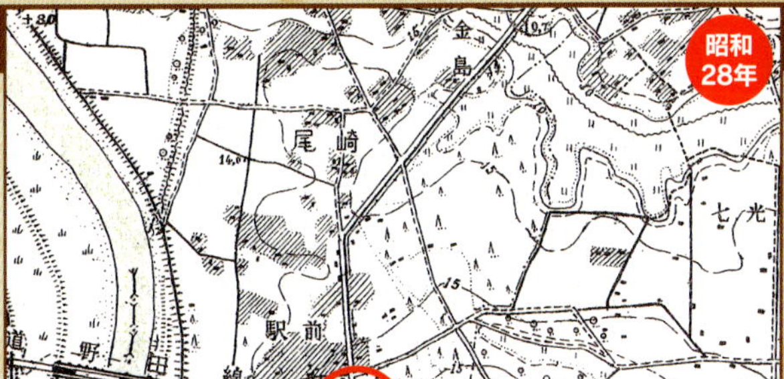

Nanakoudai St. / Shimizukouen St. / Atago St.

七《なな》光《こう》台《だい》・清《し》水《みず》公《こう》園《えん》・愛《あた》宕《ご》

昭和43年に新設された車両基地の駅七光台
開業時からの歴史を持つ清水公園と愛宕駅

【七光台駅】

所在地	千葉県野田市光葉町1−52−1
ホーム	1面2線(地上駅(橋上駅))
乗降人数	6,387人
開業年	昭和43(1968)年7月1日
キロ程	25.1km(大宮起点)

【清水公園駅】

所在地	千葉県野田市清水公園東1−32−2
ホーム	2面3線(地上駅)
乗降人数	4,208人
開業年	昭和4(1929)年9月1日
キロ程	26.6km(大宮起点)

【愛宕駅】

所在地	千葉県野田市中野台1217
ホーム	2面2線(地上駅)
乗降人数	9,487人
開業年	昭和4(1929)年9月1日
キロ程	27.7km(大宮起点)

撮影：山田虎雄

七光台駅

まだ完成して間もない頃の七光台駅、川間駅方向にのびる単線の線路と、左手奥にある七光台車庫に分岐するポイントも見える。

撮影：山田虎雄

清水公園駅

平屋の木造駅舎だったころの清水公園駅。観光を意識して宮造り風の玄関になっている。多数の乗降客をさばくため出札口が駅舎正面にあった。

撮影：荻原三郎

愛宕駅

野田市の実質的な玄関口でもあった愛宕駅。このため駅舎も余裕を持った造り。この構造はいまも変わらないが、現在高架化工事が進行中だ。

七光台駅は、昭和43(1968)年、それまで雑木林だったところを切り開いて車両基地の南栗橋管区七光台支所が完成し、これにともなって開業した駅である。このため長らく野田線内では最も乗降客が少ない駅でもあった。平成19(2007)年に改築された駅舎には七光台乗務管区もあることから、業務駅らしいがっちりとした造りで、東西に出入口が設けられている。また、早朝の当駅始発列車の運行や、日中の乗務員の交代が行われる。現在、西口駅前にはショッピングモールも開業し、新興住宅街の風景となっている。

清水公園駅は、明治時代に野田の醤油醸造業で財を成した茂木柏衛によって開設された広大な民営公園の最寄り駅として昭和4(1929)年に駅が開設された。ホームは2面3線あって、平成19(2007)年に現在の地下駅舎になった。それ以前は公園側に寺院のような構えの和風の駅舎があり、清水公園の入口まで駅前通りが続いていた。現在、駅の東口周辺は東武鉄道による「アーバンパークタウン」という大規模な住宅開発が行われている。

野田市の実質的な中心街にあるのが愛宕駅だ。相対式2面2線ホームで末端の柏寄り出入口に駅舎を構え、駅舎の一部は2階建てで、駅頭には売店も店開きする。そうした下町風の駅も現在は連続立体交差化事業が進行中で、遠からず改築も予定され、いまは工事現場のなかにたたずんでいる感がある。

△昭和15年ごろの清水公園付近

開業当初から駅構内に貨物側線を持っていた清水公園駅。このころの写真でも、架線柱の配置からも広い構内であることがわかる。1両で走るのは大正生まれのモハ1400。

△七光台駅

比較的規模が大きな七光台駅の橋上駅舎。ここで乗務員の交代も行われる。かつては人家がなかった駅周辺も戸建て住宅が増えた。

△七光台の車両基地

走る電車からも見える七光台の車両基地。60000系電車も増えた。アーバンパークラインの全車両が所属する基地だ。

古地図探訪　七光台・清水公園・愛宕駅付近

　川間駅を出た東武野田線はまもなく南東に進路を変えて、野田市内を進むことになる。主要駅のひとつ、野田市駅に至るまでには、七光台・清水公園・愛宕の3駅が置かれているが、七光台駅は昭和43（1968）年の開業のため、地図上には見ることができない。

　途中、清水公園駅の手前では、流山街道（千葉県道17号線）と交差する。また、七光台駅から先では、東側を通る春日部野田バイパス（国道16号新道）と並行して進むことになる。清水公園駅の西側には、民営の自然公園である清水公園のほか、野田市総合公園も広がり、野田市の自然・文化スポットとなっている。愛宕駅の西には、駅名の由来となった愛宕神社が存在する。

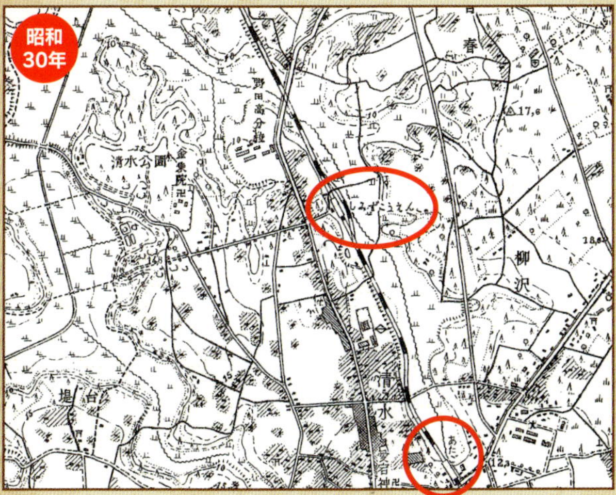

△清水公園駅

駅舎部分が地下駅となったため、線路両側にエレベーターつきの地上出入口が設けられた。かつての木造駅舎はすでに撤去され、駅周辺は分譲地になっている。

△愛宕駅前の踏切

愛宕駅から柏行きの8000系電車が発車。この東側に野田市の中心街が続く。構内の西側では連続立体交差事業が進行中で、やがて激変する可能性が高い駅風景だ。

Nodashi St.

野《の》田《だ》市《し》

野田の醤油を運ぶ
鉄道として前身の千葉県営鉄道が誕生
今も醤油工場に囲まれた駅構内

所在地	千葉県野田市野田128
ホーム	2面3線(地上駅)
乗降人数	10,361人
開業年	明治44(1911)年5月9日
キロ程	28.6km(大宮起点)

撮影:矢崎康雄

昭和42年

◀かつての野田市駅

野田線の拠点駅だった野田市駅。玄関右手には2階建ての事務棟があった。大企業の本社がある駅だけに、駅頭には大型車のタクシーも待機していた。

▼野田町駅時代

昭和4年に現在地に移転する以前の、大正時代の野田町駅。瓦屋根の立派な駅舎はのちに川間駅に移築された。背景には醤油工場の建物が見える。

現在

◀現在の野田市駅

玄関の右手に増築されている野田市駅舎。外壁もかなり補修されているが、中核駅らしい風格を保つ。現在高架化工事が進んでいるため、雑然とした雰囲気だ。

提供:野田市

大正時代

明治44 (1911) 年、千葉県営鉄道として野田～柏間が開通した。これがのちに北総鉄道→総武鉄道→東武鉄道野田線と名称を変えていくことになる。もとよりこの鉄道は、野田の醤油醸造組合が引き受けた県債によって建設された醤油輸送のための鉄道だった。

昭和4 (1954) 年には駅の位置をやや春日部寄りに移転して現在の駅舎が建設され、千葉県営鉄道を引き継いだ総武鉄道の本社が入居していたこともあった。やがて昭和25年 (1950) に野田市誕生を記念して野田市駅と改称、現在に至っている。そうした経緯から野田市駅は現在でも野田醤油醸造組合の後進、キッコーマンの醤油工場に囲まれ、構内は貨物時代の名残でかなり広い。ちなみに野田線の貨物輸送は昭和60 (1985) 年まで続けられていた。

駅構内は島式ホームの1面2線と、線路が撤去された片面ホームが残っている。また、ホーム全域に古レールを多用した屋根がかけられている。駅舎は古い学校校舎のような構えで、野田線各駅のなかでも屈指の風格を見せている。見どころとしては醤油工場の展示室「キッコーマン物知りしょうゆ館」が徒歩5分の距離だ。現在、清水公園～梅郷間を連続立体交差とする事業が進行中で、野田市駅も将来は2面3線の橋上駅になる予定だ。

△車掌車とキッコーマン

野田市駅構内には貨物側線が多く、ホーム横に各種の貨車が多数留置されていた。ヨ101形車掌車の奥にはキッコーマン醤油工場の看板が見える。

△醤油は樽で運んだ

大正時代には醤油製品は樽詰めにして全国に発送された。千葉県のマークが入る4輪単車の貨車をバックに記念撮影。まさに醤油が主役の鉄道だった。

△野田市駅

貨物輸送が盛んに行われていたため、駅は広い構内となっていた。

▷船橋行き電車

国鉄63系電車をもとに設計された4扉の7300系電車。かつての野田線は東武各線で活躍した旧電車が集められた。貨物列車が見られる野田市駅ホームにて。

古地図探訪

野田市駅付近

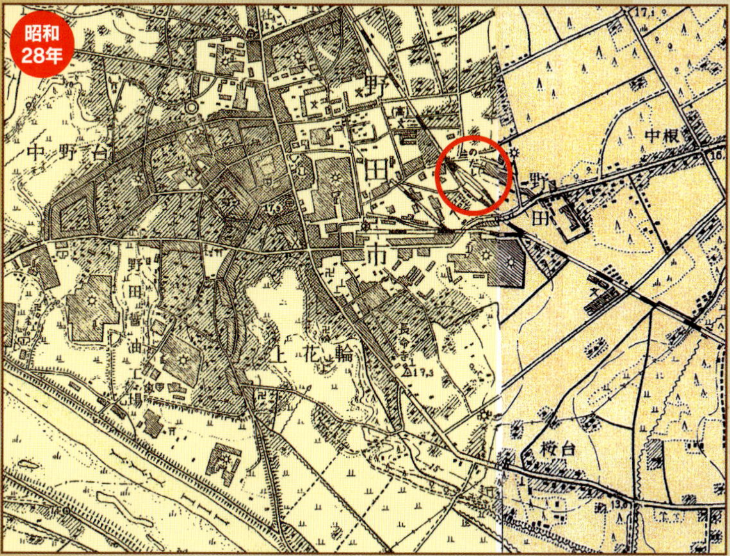

東武野田線の西側を流山街道（千葉県道17号線）、東側を国道16号が通る野田市駅周辺の地図である。野田市といえば、醤油で有名だが、現在も駅の北側に隣接する形で、キッコーマン野田工場製造第2部が存在する。また、駅の西側にはキッコーマン本社と茂木本家美術館、江戸川沿いには同第3部もある。

流山街道沿いには寺院が多く、地図上に見える長命寺のほか、「卍」の地図記号を示す東正寺、明浄寺などがある。また、駅の西から江戸川に架かる野田橋に至る千葉県道19号線・46号線沿いには、鳥居の地図記号の香取神社、菅原神社天満宮が鎮座する。駅西北には、野田市郷土博物館もある。

Umesato St. / Unga St.

梅《うめ》郷《さと》・運《うん》河《が》

新興住宅地の駅として橋上化された梅郷駅
運河駅は利根運河沿いに駅を設けて観光地に

【梅郷駅】

所在地	千葉県野田市山崎1892
ホーム	2面2線(地上駅(橋上駅))
乗降人数	16,485人
開業年	明治44(1911)年5月9日
キロ程	30.9km(大宮起点)

【運河駅】

所在地	千葉県流山市東深井405
ホーム	2面3線(地上駅(橋上駅))
乗降人数	21,232人
開業年	明治44(1911)年5月9日
キロ程	33.2km(大宮起点)

提供:野田市

▲木造駅舎の梅郷駅

改築前の梅郷駅。このころの東武線各駅は系列の「分福ヘルスセンター」を盛んに宣伝していた。タクシーのトヨタ・クラウンは1971年登場のモデル。

▲運河駅に到着

単線区間から運河駅構内に入る柏行き。当駅から逆井まで複線区間となる。

提供:野田市

▶大正時代の利根運河

運河水運が盛んだった大正時代の利根運河。堤防に植えられた桜が満開を迎えている。手前の鉄橋は北総鉄道時代の野田線鉄橋で、奥には花見客の姿も。

連続立体交差事業による建て替えを待つ野田市駅とは異なり、ひとつ隣の梅郷駅は、大型の橋上駅舎と整備された駅前ロータリーを駅両側に備えた野田市の新市街にある。相対式2面2線のホームを持ち、構内の複線区間は野田市駅方向に約900mと長大で、将来の路線複線化を念頭に置いた線路設備だ。

梅郷駅の開業は明治44(1911)年の千葉県営鉄道時代で、平成19(2007)年に全面改築される前は平屋で片面切妻の古い木造駅舎があった。駅名は駅開業時の旧梅郷村に由来したものだが、梅郷の旧地名は駅名にしか残されていない。

運河駅の名は明治時代に開削された利根運河に由来する。この運河は利根川と江戸川を結ぶもので、銚子から利根川に入った貨物船が上流の関宿までさかのぼることなく、東京に直結する江戸川に進むことを目的に、明治23(1890)年に完成したものだ。

明治44(1911)年に開業した運河駅は、この運河を越えた流山市側にあって、当初から運河観光の駅として土手沿いの桜並木が名所になっている。

現在の駅舎は平成25(2013)年に改築された、屋根に風見鶏を持つモダンな橋上駅になっている。ホームは島式と片面の2面3線で、これより柏方面は複線区間になる。運河駅の野田市側には東京理科大学野田キャンパスがある。

昭和45年

提供:野田市

運河駅

江戸時代に開削された利根運河の、まさに堤防上にホームを置いていた運河駅。当初から桜並への観光駅も兼ねていたため、瓦屋根の立派な駅舎が西向きに建てられていた。

昭和56年

撮影:高橋義雄

野田市～梅郷間

まだ野田市中心部にも雑木林が残っていたころ。野田線の船橋行き電車がこの森を抜けて梅郷駅に向かう。

現在

現在の梅郷駅

旧駅舎のイメージを一新するようなニュータウンの橋上駅になった。乗降客は工場街にある野田市駅よりはるかに多い。隣接してスーパーも開店した。

昭和29年

撮影:竹中泰彦

運河駅付近

運河駅に向かって船橋行きが進入する。電車は戦前型のタイプ。周囲はなだらかな起伏のある畑作地帯だったが、後年住宅地として開発される。

現在

運河駅

東京理科大学の通学生の乗降が多く、すっかりキャンパスの駅となった運河駅。平成25年にはおしゃれな橋上駅に改築された。

古地図探訪

梅郷・運河駅付近

この地図ではすでに野田市となっているが、昭和25（1950）年までは梅郷村が存在していた。その玄関口である梅郷駅が地図上方にあり、「梅郷」のもとになった「五弁」の村のひとつ、山崎村の存在を示す「山崎」の地名が地図の下方に見える。

一方、利根運河を渡った先の流山市には、市内最初の駅である運河駅が存在する。この駅は開業前には、地名である「東深井」という駅名が予定されていた。また、開業時は新川村で、この当時は流山町であり、昭和42（1967）年に市制が施行されて、流山市となった。地図上に見える野田市内の最南端には現在、東京理科大学野田キャンパスがあり、運河駅が最寄り駅となっている。

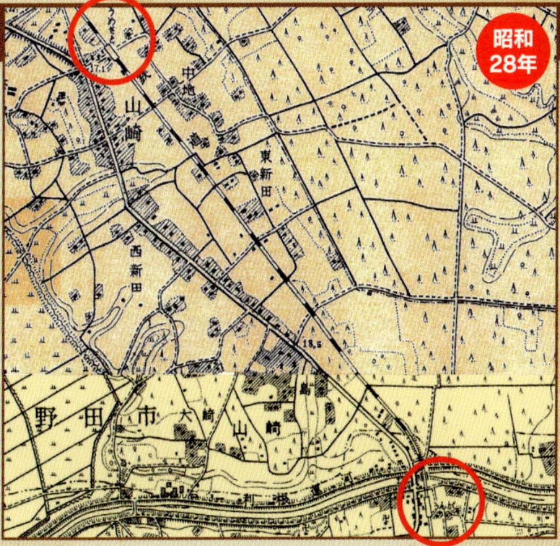

昭和28年

Edogawadai St. / hatsuishi St.

江《え》戸《ど》川《がわ》台《だい》・初《はつ》石《いし》

その昔は住宅開発の駅だった江戸川台駅
いまものんびりとした雰囲気を残す初石駅

【江戸川台駅】

所在地	千葉県流山市江戸川台東1－3
ホーム	2面2線（地上駅（橋上駅））
乗降人数	24,446人
開業年	昭和33（1958）年2月16日
キロ程	35.1km（大宮起点）

【初石駅】

所在地	千葉県流山市西初石3－100
ホーム	2面2線（地上駅）
乗降人数	17,440人
開業年	明治44（1911）年5月9日
キロ程	36.8km（大宮起点）

提供：流山市立博物館

◀江戸川台駅東口

駅が開設されて10年ほど。駅前も未舗装で駅舎も簡素だった。それでも東西に出入口を設け、やがて通勤駅として発展していく。

◀現在の初石駅

以前からの駅舎を使い続ける初石駅。バリアフリー化で駅頭にスロープも設置された。その半面、東側には出入口を持たない。

▲現在の江戸川台駅

すっかり都市化した現在の江戸川台駅。昭和60年に橋上化した。都市計画で誕生した住宅街のため、周辺の街並みも落ち着いた雰囲気を保っている。

運河駅を出た柏行きの電車が、やがて整然と並ぶ戸建て住宅街に入ったところに江戸川台駅がある。この駅は高度成長期の大規模宅地開発にともなって昭和33（1958）年に設けられた。かつては向かい合う上下線ホームに、それぞれ平屋の簡素な駅舎を持つだけの駅だったが、昭和35（1960）年に運河～柏間が複線化。さらに昭和60（1985）年にホームにまたがる橋上駅となった。現在は駅を中心にして放射状に道路が延び、街路樹も成長して落ち着いた住宅街の雰囲気になった。その昔は、風が強い日は砂塵が舞い、電車の運行にも支障をきたすと言われたほどであるが、いまやそのような開発時代の面影はない。

南下する東武野田線が常磐自動車道と交差したところに初石駅がある。駅周辺は大小のショッピングセンターが集まる商業地で、そのまわりに下町風の町並みが続いている。逆に駅の東側は閑静な住宅街で、雰囲気が異なっている。西向きに建つ駅舎も昔ながらの木造平屋で、駅舎改築が進む沿線のなかではちょっとホッとする駅前風景を残している。相対式2面ホームと跨線橋で連絡しているが、1970年代までは構内踏切があった。また貨物輸送が行われたころはホーム東側に側線もあり、その跡地が市有地として残っている。

▲総武鉄道時代の初石駅

千葉県営鉄道の駅として明治44年に開業した際の住所表示は、千葉県東葛飾郡八木村大字初石であった。

▲江戸川台付近の3000系

周辺に松林が続いていた昭和40年代の江戸川台から初石にかけて。吊掛けモーターの音を響かせて走る3000系電車。すでに運河駅から柏方面は複線化されていた。

▲江戸川台～運河

江戸川と利根川に挟まれた丘陵地帯を南北に走っていた野田線。沿線が宅地化される以前は電車も2両連結で事足りた。走るのは4扉車の7800系電車。

▲現在の初石駅

エレベーターつきの跨線橋が整備された初石駅。野田線を象徴する60000系電車が発車していく。ホームの土台擁壁には大谷石が使われている。

古地図探訪　江戸川台・初石駅付近

江戸川台駅は昭和33（1958）年開業のため、地図上には表示されていない。この駅および周辺は流山市内にあるが、この駅と初石駅の東側に広がる西原・西柏台地区は柏市の一部になっている。地図の中央付近には現在、常磐自動車道が斜めに通る形になっている。

また、初石駅の北側を、千葉県道47号線が東西に横切っている。地図の西側を流れる江戸川には、上新宿新田付近に「六兵衛渡」の文字が見えるが、現在も付近に橋は架けられていない。初石駅の西、「上新宿」付近に見える「鳥居」の地図記号は金刀比羅神社で、その西側を通る流山街道（千葉県道5号線）沿いには、香取大神宮がある。現在、初石駅の北には千葉県立流山高校がある。

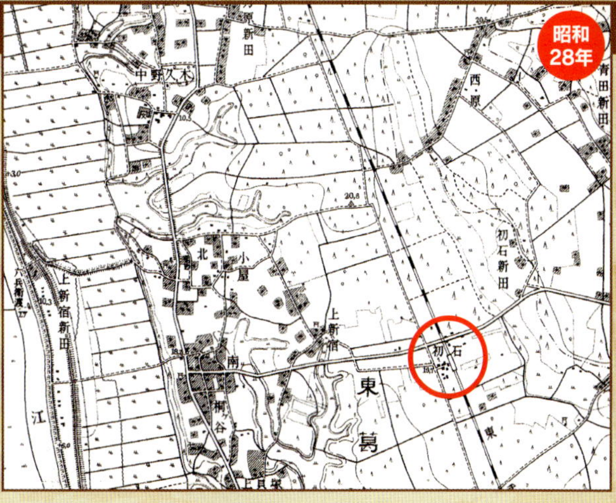

Nagareyamaootakanomori St.

流《ながれ》山《やま》おおたかの森《もり》

新開業で新しい通勤ルートが完成
最新のショッピングゾーンも誕生した

所在地	千葉県流山市西初石6－181－3
ホーム	2面2線（地上駅（橋上駅））
乗降人数	52,406人
開業年	平成17（2005）年8月24日
キロ程	38.4km（大宮起点）

△開業当時の流山おおたかの森

まるで新幹線のように高々と高架駅を設けたつくばエクスプレス（正面）と、地上線路に橋上駅の野田線。完成直後でまだ人が少ない頃の様子。

△駅の構内

野田線は地上駅で相対式ホームを持つ。平成17年開業の駅だけに、架線も駅構造と一体化している。乗降人数は1日5万人を越える。

◁初石～豊四季間

懐かしの塗り分けの電車が現在の流山おおたかの森付近を走行している様子。

▷駅舎建設以前の航空写真

まだ開発以前の頃、森のなかに四角く見える霊園（奥）と学校（手前）、その下側に野田線が斜めに走る。現在これらの森はほとんど消滅している。

平成17（2005）年、都心とつくば学園都市を結ぶつくばエクスプレス線開業とともに設けられた駅だ。それまでは郊外の畑作地帯だった場所に突然現れた新駅は、車道とコンコースを完全に分離した構造で、東武野田線の駅から見ると東口にロータリー、南口が商業施設「流山おおたかの森S・C」につながるおしゃれな広場になっている。つくばエクスプレスはさらにこの上に高々とした高架線路を設け、野田線の改札口とはコンコース上で接続している。

この乗り換え駅の誕生で都心への新ルートが誕生し、清水公園駅周辺などで新たな住宅開発も始まった。さらに野田線の愛称「アーバンパークライン」への変貌は、この流山おおたかの森駅の誕生に負うところが多い。

ちなみにこの駅は東武鉄道では最も新しい駅となったが、その建設費用は地元自治体と都市再生機構の全額負担だったという。駅を出るとマンションが建ち並び、ほとんど人工物しか見えない風景だが、500mほど西にある「市《いち》野《の》谷《や》の森」に絶滅危惧種のオオタカが生息することからこの駅名になった。しかし、この駅開業と同時に開発が進行し、肝心の森もほとんど宅地開発されるところだった。現在は森林保存の市民運動もあって、県立公園の予定地としてなんとか保全されている。

△現在の東口

バスや自動車での駅へのアプローチは野田線を中心にして、この東南方向と北西方向のロータリーとに限定されている。東武線の駅舎は橋上部分にある。

△自由通路の南口

南口は公園のような空間を挟んで大型のショッピングモール「おおたかの森S・C」に接続。左奥のつくばエクスプレスは地上３階にホームを置く。

古地図探訪　流山おおたかの森駅付近

地図のほぼ中央、東武野田線がやや東寄りに進路を変える付近を通るように、平成17(2005)年、首都圏新都市鉄道つくばエクスプレスが開通した。この地点に両線の連絡駅として、流山おおたかの森駅が開業している。この駅の東側には「十太夫」、西側には「大畔(おおぐろ)」の地名があるが、この地図上にも「十太夫新田」と「大畔新田」の文字が見える。大畔新田付近には、鳥居の地図記号があり、稲荷神社、天満天神宮の神社がある。

駅の北西には昭和51(1976)年、千葉県立流山中央高校が開校し、平成20(2008)年に流山東高校と合併し、駅名と同じ校名の流山おおたかの森高校が誕生した。

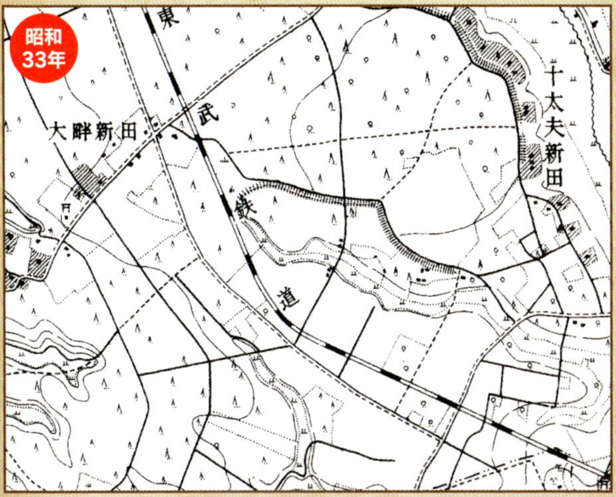

▽流山おおたかの森駅全景

左右に延びるつくばエクスプレスと直角に交差する東武野田線。まさに鉄道が創りだした都市景観。かつては一面の農業地帯だった。

提供：流山市立博物館

Toyoshiki St.

豊《とよ》四《し》季《き》

かつては開拓地の駅
として名づけられた吉祥地名
陸軍飛行場への輸送も担った歴史を持つ

所在地	千葉県柏市豊四季159
ホーム	2面2線(地上駅)
乗降人数	14,357人
開業年	明治44(1911)年5月9日
キロ程	39.7km(大宮起点)

◀かつての豊四季駅

短い相対式ホームと北側に瓦屋根の木造駅舎を構えていた。この駅舎は現在も健在。右手には貨物ホームも見える。ここから柏飛行場に物資が運ばれた。

▼現在の豊四季駅ホーム

平成25(2013)年に営業運転が開始された最新車両60000系。新形式が直接、野田線に投入されるのは初めてのことである。

◀現在の豊四季駅南側

駅構内を南北にまたぐエレベーターつきの自由通路も完成。それでも、これを渡って北口駅舎からさらにホームに歩くため、やや不便な構造だ。

未来都市のような流山おおたかの森駅に比べると、ひとつ柏寄りの豊四季駅は昭和の時代に戻ったようなたたずまいを残している。駅の北側にある駅舎は変形入母屋造りの大柄な木造平屋建築で、どことなく風格も感じさせる。東武野田線の全35駅中、26駅が2面2線の相対式ホームを持っている。この駅もそのひとつで、貨物輸送があったころは側線も多く、敷地に余裕を持たせた構内になっている。この駅の北方には昭和12(1937)年から敗戦時まで陸軍の柏飛行場が置かれ、首都防空の戦闘機の基地になっていた。豊四季駅はその物資輸送の役割を果たしていた。この時代、軍に関係する鉄道駅は立派に造られていたのだ。

ちなみに柏飛行場は戦後の食糧増産のための入植地となり、朝鮮戦争時からはアメリカ軍の通信基地となっていた。現在は千葉県立柏の葉公園や東大柏キャンパスとなっている。いまのところ豊四季駅の出入口は駅舎側のみだが、エレベーター付きの大型跨線橋(自由通路)が設置されている。

また、将来の駅舎改築に備えて南口にもロータリーが整備されている。この豊四季駅と柏駅の間には昭和8(1933)年開業の柏競馬場前駅があり、のちに北柏駅(現在の常磐線の北柏駅とは無関係)となって昭和30(1955)年に廃止された。現在は約1万人が居住する豊四季台団地になっている。

古地図探訪

豊四季駅付近

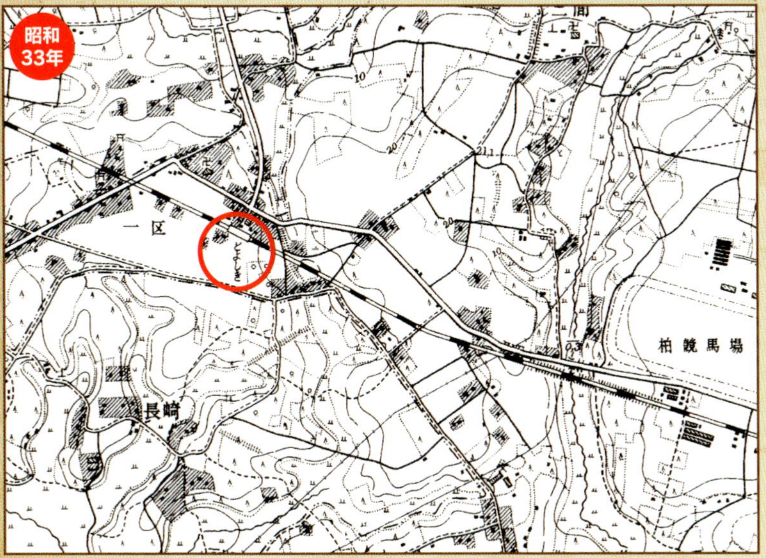

このあたりの東武野田線はほぼ一直線に南西に進んでいく。一方、西方から来る千葉県道278号線は野田線の線路を渡り、複雑に折れ曲がる形で線路沿いを南西に走っている。柏市内に入って最初の駅が、豊四季駅である。この駅は文字どおり、豊四季地区の玄関口であるが、豊四季地区は広範囲にまたがっているため、常磐線南柏駅や同じ野田線の新柏駅が最寄り駅となる地域もある。

駅の北側に見える「卍」の地図記号は正満寺である。現在は、駅の東側、野田線の線路の南側に柏市立豊四季中学校、柏第二小学校がある。また、線路の反対(北)側には、柏第六小学校、柏第三中学校がある。

提供:柏市

柏競馬場前停留場

柏競馬場

豊四季と柏のちょうと中間にひろがる豊四季台団地、この場所に昭和3年から昭和27年まで存在したのが当時日本最大といわれた柏競馬場だった。1周1600m、幅25mのコースを持ち、食堂を備えた大観覧席を2棟も設け春と秋にはそれぞれ3～4日の競馬大会が大観衆を集めて催されたという。その後、競馬開催時以外にも敷地を活用しようと場内に柏ゴルフ場も開設された。

さらに昭和8年には総武鉄道に柏競馬場前停留所も置かれて柏の名物施設になっていった。しかし太平洋戦争中に競馬場は廃止され、駅も北柏と名前を変えたが結局昭和30年に廃止されてしまう。柏競馬場は戦後になって県営競馬場として復活するが成績は振るわず、昭和27年に廃止となった。毎年5月、船橋競馬場で開催される「かしわ記念」は、この柏競馬場に由来するG 1レースだ。

Kashiwa St.

柏《かしわ》

所在地	千葉県柏市末広町１－１
ホーム	２面４線（地上駅（橋上駅））
乗降人数	138,478人
開業年	明治44（1911）年5月9日
キロ程	42.9km（大宮起点）

野田～柏間の開業で始まった野田線の歴史
珍しい平面スイッチバックで発着する

▲柏駅東口

国鉄柏駅の本来の正面口はこの東口だった。いまちょうど列車が到着して改札口は混雑している。柏駅の西口は昭和31年に開設された。昭和５年までは北総鉄道船橋線がこちら側に駅を置いていた。

▲東武線のホーム

夕方の柏駅野田線ホーム。手前の3200系電車は船橋行きで、乗客を乗せて発車を待っているところ。この当時は敷地外から駅がよく見渡せた。

▲現在の柏駅

柏高島屋ステーションモール２階にある東武線中央改札口前のホール。このフロアの下に２面４線のホームがある。このほか南口にも改札口がある。

◀現在の柏駅東口

東口のそごう柏店から、ペデストリアンデッキで橋上化したJR柏駅に連絡する。この歩道はそのまま常磐線を横断して、西口にある東武線柏駅にも連絡する。

東武野田線の運転上、最大の特徴が柏駅のスイッチバックだ。もとより進行方向が逆転するこの線路配置は、山岳路線などでは有効だが、平面でのスイッチバックは、歴史的な要因からこの方式をとらざるを得なかったケースがほとんどだ。野田線の場合、柏から野田方面が千葉県営鉄道によって明治44（1911）年に開業し、船橋方面は別会社の北総鉄道船橋線として大正12（1923）年に建設された歴史がある。千葉県営鉄道はこの柏駅から野田の醤油を全国に発送していたのだ。

また、別会社とはいえ北総鉄道も千葉県営鉄道の払い下げを前提として設立されたもので、船橋線開通と同時に千葉県営鉄道柏～野田間を取得している。その結果、常磐線柏駅を挟んで北総鉄道の野田線・船橋線の２路線が延びることとなり、昭和５(1930）年に船橋線の柏駅が移転して現在の構造となった。

現在、２面４線ある地上の頭端式ホームは、中間駅ながらターミナルの雰囲気も感じさせる。駅は「柏高島屋ステーションモール」と直結し、２階のコンコースに中央改札口を設けている。野田線は運転系統も大宮～柏と柏～船橋の２系統に分かれ、ほとんどの列車が柏駅を起・終点としている。以前は東武野田線から都心方面への主要な乗り換え駅だったが、つくばエクスプレスや北総鉄道北総線（成田スカイアクセス線）の接続開始によって大きく乗客の流れが変わっている。

撮影：荻原二郎

▲柏駅西口

駅ビル化される以前の柏駅西口、コンクリートの現代的な建物だったが、周囲はまだ裏口の雰囲気が色濃かった。東武野田線はこの右手に改札口を置いていた。

撮影：矢崎康雄

▲柏駅のクハ567

このころの野田線柏駅には貨物輸送時に使う留置線が残されていた。かつてはここから野田の醤油を常磐線で消費地に運んだ。停車するのはクハ567。

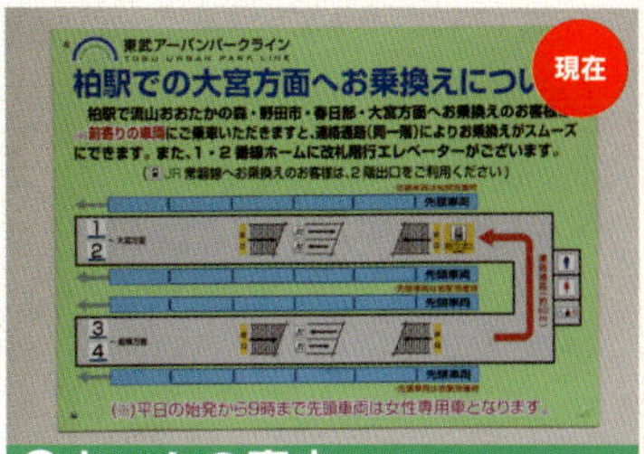

▲ホームの案内

柏駅での乗り継ぎは車両先頭部分が便利だというインフォメーション。これは頭端式ホームでの乗り換えの宿命だ。

撮影：山田虎雄

▲電気機関車が到着

ED3002は野田線の前身、総武鉄道が昭和4年に導入したイギリス製電気機関車。長らく野田線で使われていたが昭和47年に引退。パンタグラフは1基の車両だった。

撮影：山田虎雄

◀柏駅ホーム

スイッチバック構造の駅は他に西武池袋線の飯能駅や小田急江ノ島線の藤沢駅などがある。

▲駅ビル1階のホーム

駅ビル1階に2面4線の頭端式ホームを持つターミナル駅。ほとんどの列車はこの駅を起・終点とするアーバンパークライン運転上の重要駅となっている。

古地図探訪　柏駅付近

柏駅の西には、昭和27（1952）年に船橋に移転、廃止となった千葉県営の「柏競馬場」が広がっていた。柏競馬場は昭和3（1928）年に開設され、競走馬、軍馬を育成するためのレースが行われた。また、その南側を走る東武野田線には、総武鉄道時代の昭和8（1933）年、柏競馬場前駅が開設されているが、のちに廃止されている。

常磐線の南東に見える国道6号（陸前浜街道）は水戸街道の旧道であり、現在は千葉県道261号松戸柏線に変わっている。一方、現在は北西に新しい国道6号が走っている。駅の東側、国道6号沿いには柏市役所が存在したが、現在は北東に移転している。その北には、国道16号（東京環状）が開通している。

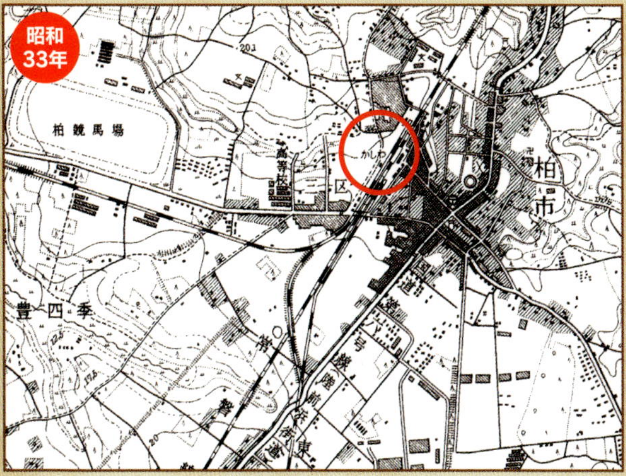

Shinkashiwa St.

新《しん》柏《かしわ》

所在地	千葉県柏市新柏1－1510
ホーム	1面2線(高架駅)
乗降人数	19,595人
開業年	昭和58(1983)年7月21日
キロ程	45.8km(大宮起点)

昭和58年、柏市の都市計画で誕生した駅 窪地にできた高架ホームを電車が走る

◀現在の新柏駅

新柏駅西口は線路に並行する小道に面している。この道は前後ともに、しばらく行くと上り坂となることでも、ここが窪地の駅であることがわかる。

▲駅の正面口

東口が新柏駅の正面口で、バス乗り場やタクシー乗り場などが置かれている。モニュメントが置かれた小公園を中心にロータリーになっている。

撮影：小川峯生

◀常磐線を跨ぐ

まだ単線での運転だった頃の風景。下を走る常磐線も上野東京ラインの開業で一部列車が東京や品川まで直通するようになった。

柏市には本家本元の柏駅のほか、常磐線に北柏駅、南柏駅、そして東武野田線に新柏駅、さらにつくばエクスプレスに柏の葉キャンパス駅と柏たなか駅の5つの「柏」の名がつく駅がある。

さて、この新柏駅の開業は昭和58(1983)年のこと。柏駅を出た船橋方面行きの電車が柏市の中心街を回り込むように南下したところにある駅で、計画時は「名戸ヶ谷駅」と呼ばれていた。ちなみに駅が置かれる以前は小川をまたぐ築堤があり、周囲は細長い水田だったという。やがて柏市中心街の都市化にともなって低地を区画整理し、誕生した住宅街に新柏駅が開業した。このため駅は高架駅となっているが、いわゆる連続立体交差区間ではなく、窪地部分を利用したためこの形となった。

島式1面2線ホームをコンパクトにまとめた駅だが乗降人数は多く、1日1万9,000人を数えている。このため1ヵ所しかない階段はラッシュ時にはかなり混雑する。高架下を利用してスポーツクラブがあり、正面口でもある東口駅前には規模の大きな東武ストアがある。

またJリーグ柏レイソルの本拠地、日立柏サッカー場は柏駅と当駅の中間にあるが、その付近に「名戸ヶ谷」の地名が残っている。ただし、駅から徒歩約25分とやや遠い。

古地図探訪　新柏駅付近

東武野田線の新柏駅だけはなく、常磐線の南柏駅も存在していない時期の地図である。新柏駅周辺の道路もまだ整備されていないが、この地域の幹線道路である、常磐線と並行する千葉県道261号線（陸前浜街道、旧水戸街道）が通っている。

現在、駅付近にある「新柏」「豊住」「つくしが丘」などの地名は、この地図では見ることができないが、南柏駅の南側にある「今谷上町」「今谷南町」のもとになった「今谷新田」の地名が西側にある。一方、新柏駅の東側、県道51号線が南北に通る付近、現在は千葉県立柏南高校が存在するあたりの地名「向根」はそのままで使用されている。

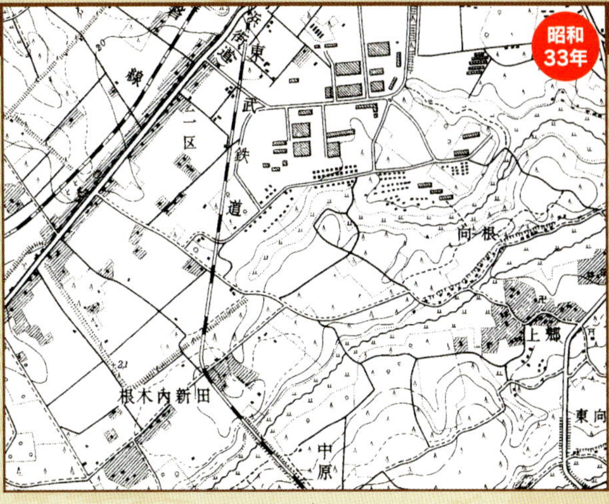

総武鉄道時代

大正12年に千葉県営鉄道の払い下げを受けた北総鉄道は、京成電鉄社長本多貞次郎が社長を兼ねるなど京成色の強い会社だった。いわば千葉県内は京成のナワバリともいうべき払い下げ劇だった。その後、野田醸造組合（キッコーマン）系の斎藤三郎に社長が交代し、大正15年ごろから電化とともに春日部、大宮への延伸をという大事業に動き出した。そして総武鉄道に改称した昭和5年10月に大宮～船橋間が全通、車両も両運転台形電車のモハ1000形・クハ1200形を導入してモダンな電気鉄道への変身を果たした。

やがて昭和19年、戦況悪化を背景にした陸上交通事業調整法で京成のライバルともいうべき東武鉄道に吸収合併された。後年、鎌ヶ谷周辺で野田線と新京成線が接近してもなかなか連絡駅を設けなかった理由が、このあたりにあるのかもしれない。

柏駅にて撮影。

柏駅にて撮影。

Masuo St. / Sakasai St. / Takayanagi St.

増《ます》尾《お》・逆《さかさ》井《い》・高《たか》柳《やなぎ》

橋上駅に改築された増尾駅と逆井駅 車両基地を控えた高柳駅は地上駅

【増尾駅】

所在地	千葉県柏市増尾1－1－1
ホーム	2面2線(地上駅(橋上駅))
乗降人数	13,033人
開業年	大正12(1923)年12月27日
キロ程	47.1km(大宮起点)

【逆井駅】

所在地	千葉県柏市逆井848
ホーム	2面2線(地上駅(橋上駅))
乗降人数	14,040人
開業年	昭和8(1933)年7月29日
キロ程	48.0km(大宮起点)

【高柳駅】

所在地	千葉県柏市高柳1489
ホーム	2面2線(地上駅)
乗降人数	12,730人
開業年	大正12(1923)年12月27日
キロ程	50.2km(大宮起点)

かつての逆井駅

以前の逆井駅。ホームの横にこのような木造の駅舎を構えていた。長らく単線の駅だったが、昭和60年の複線化時に橋上駅に改築された。

高柳駅

開業時からの簡素な駅舎が残っていた高柳駅。単線区間のため交換列車を待っているところか。現在残る木造駅舎はこの駅舎を改修してたもの。

増尾駅

単線時代の増尾駅に到着する船橋行き5310形。運転士が手を上げて挨拶。3扉2扉混成の4両編成だ。1970年代、駅の周辺に住宅が増え始めたころ。

増尾駅は大正12（1923）年の北総鉄道開業時からの歴史を持ち、現在は柏市南方の丘陵を切り開いた住宅地にある駅となっている。2面2線ホームにまたがる橋上駅舎は比較的大柄である。駅の周辺はその昔、城下町として栄えた地域で、そのモニュメントとして東側の小高い丘に「増尾城址公園」がある。自由通路の東西に出入口を持ち、東口は低層マンションやアパートが点在する街並みだが、西口からは「ほのぼの通り」という曲がりくねった桜並木が伸びている。

昭和8（1933）年に開設された逆井駅は、当初は無人の停留場だったという。やがて沿線が次第に発展してきた昭和60（1985）年、当駅と柏までが複線化されたときに合わせて駅舎も橋上化された。周囲は戸建ての住宅街に囲まれ、落ち着いた雰囲気の駅で、少し離れると雑木林も点在する。ここは難読駅名としても知られているが、駅名の由来は定かではない。

高柳駅は単線区間の駅だが、逆井駅との間に南栗橋車両管区七光台支所高柳留置線が置かれ、柏～船橋間の車両基地となっている。このため朝には当駅始発の電車も設定されている。相対式のホームはカーブにかかっていて、東側には小柄な木造駅舎が建っている。現在、駅の周辺では再開発計画も進行し、合わせて駅舎の改築も予定されている。

提供：柏市教育委員会

空から見た高柳駅

駅の背後に森が残っていたころの高柳駅。対向式ホームの片側に電車が停車している。現在駅の左手一帯では大規模な開発が進行中で、森は跡形もなく消えた。

高柳駅

駅名にも採られたこの地域の地名は、戦国時代にこの地の豪族だった高柳氏にちなんでいる。ホームの柏寄りには屋根がない。

逆井駅西口

橋上化された逆井駅の東口。いまでは静かな住宅街が続いている。この東口の船橋寄りに自動車の進入路とロータリーが整備された。

提供：柏市

逆井駅

総武鉄道時代に開業した逆井駅。単線線路にホームだけという無人駅だった。かつてはこのような停留場が多数あったが、昭和20年代にほとんど整理された。

増尾駅東口

現在の駅周辺は、大規模住宅団地が広がる首都圏有数のベッドタウンと化し、駅からもその様子が窺い知れる。

古地図探訪 増尾・逆井・高柳駅付近

新柏駅を出て、一直線に南東に向かう東武野田線上に増尾、逆井、高柳の３つの駅が置かれている。高柳駅を出ると、今度は南方向へ一直線に進むことになる。野田線の線路と交差する道路は、増尾駅の先で千葉県道51号線、逆井駅と高柳駅の中央で千葉県道280号線の２本であるが、後者はこの時期、まだ整備されていない。

一方、現在では東側を南下する県道８号線があり、高柳駅付近で野田線に近づき、その先では並行する形になる。増尾駅の東側、県道51号そばには「妙蓮寺」の文字が見え、日蓮宗の寺院、妙蓮寺がある。逆井駅の南東、「向」の文字付近には鳥居の地図記号があり、厳島神社のほか、富士浅間神社がある。

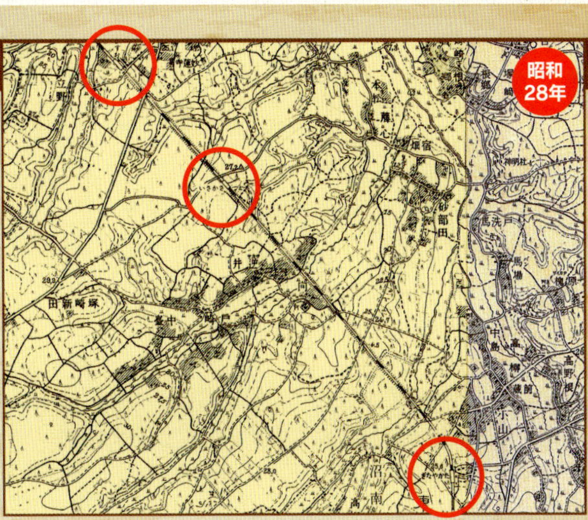

さいたま市
春日部市
野田市
流山市
柏市
松戸市
鎌ケ谷市
船橋市
習志野市

所在地	千葉県松戸市六実4－6－1
ホーム	2面3線(地上駅)
乗降人数	15,323人
開業年	大正12(1923)年12月27日
キロ程	51.9km(大宮起点)

Mutsumi St.

六《むつ》実《み》

車庫を控え始発電車も発着する3本のホーム いまも昔ながらの木造駅舎は健在

撮影：石本祐吉

▲かつてのホーム

２番線ホームに六実駅始発の船橋行き7300系電車が発車を待っている。ホームは大きく、広々とした印象の駅だった。左側の留置線に停車中の電車も見える。

▲現在の六実駅

２面３線のホームを有する駅で、早朝・深夜には当駅始発・終着の列車も設定されている。このときは高柳駅の車両基地との間で、電車は回送運転となる。

▼六実駅付近

写真の8000系も60000系や10000系（10030型）の台頭で今後の去就が注目される。

◀六実駅

１番線ホームに面して木造平屋の駅舎があるが、上の写真に見られる旧駅舎の面影はない。野田線では、このような形式の駅では駅舎正面のみの出入口となっている。

駅名に数字が入っていることでわかるとおり、明治の北総台地の開墾政策でつけられた６番目の入植地名が由来となっている。このとき命名された番号入り地名は六実駅のほかに初富（新京成）、三咲（新京成）、豊四季（野田線）、五香（新京成）、八街（総武本線）などがある。

ともあれ、この六実駅は東武野田線では数少ない３番線ホームを保有する駅で、これは高柳駅にある車両留置線からの出庫・入庫を補完する役割を持っている。駅舎はホーム西側に小さな三角ファサードを持つ木造平屋一部２階建てで、柏方面行き１番線ホームと直結している。

野田線は逆井～六実間が単線のまま残されているが、これより船橋側はすべて複線となっている。駅の開設は北総鉄道時代の大正12（1923）年で、戦中戦後の一時期は駅構内から東側にある陸軍の飛行場（現在は海上自衛隊下総航空基地）まで専用線が存在した。いまもその廃線跡が断続的に残っている。

ちなみにこの下総航空基地は昭和７(1932)年に開設された武蔵野カンツリークラブ藤ヶ谷コースの敷地で、戦前としては日本最大36ホールを有する大ゴルフ場だった。六実駅は畑も点在する郊外の町並みにあるが、西口から徒歩５分の「六高台さくら通り」は千葉県内の桜の名所となっている。

古地図探訪

六実駅付近

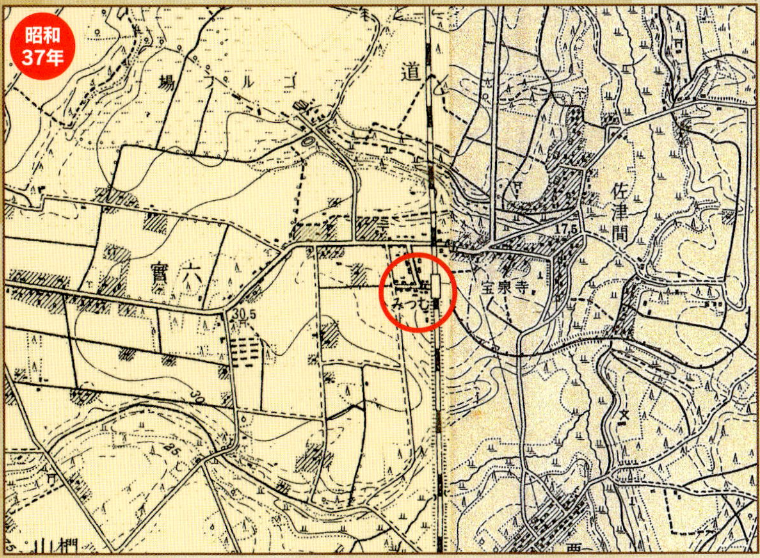

この地図では県道281号線が東武野田線を越えた地点、現在の佐津間交差点まで延びている県道8号線はその後、南に延びて粟野方向につながっている。この六実駅の周辺は、松戸市六実であるが、県道8号線付近からは鎌ケ谷市になり、その先の北東は柏市である。

六実駅の東側には「宝泉寺」の文字が見える。この北には大宮神社の鳥居の地図記号がある。この時期、六実駅の北西には、「ゴルフ場」の文字が見えるが、現在、このあたりは文教地区に変わり、千葉県立松戸六実高校のほか、松戸市立六実中学校、六実小学校などが誕生した。県営住宅や社宅のほか、マンションも目立つ場所になっている。

△六実駅

昭和40年代初頭の六実駅。平屋だが大柄の駅舎とともに板張りの駅名看板も時代を感じさせる。春闘の時期か「スト決行中」の看板が立つ。すでにこのころから周辺の団地も建設が始まり、乗降客も増え始めた。

Shinkamagaya St.

新《しん》鎌《かま》ヶ《が》谷《や》

所在地	千葉県鎌ケ谷市 新鎌ヶ谷2−10−1
ホーム	2面2線(地上駅(橋上駅))
乗降人数	38,217人
開業年	平成11(1999)年11月25日
キロ程	53.3km(大宮起点)

北総線と新京成線に接続する新市街の駅
乗り換え駅としての利便性も高まる

撮影：矢崎康雄

▲かつての新鎌ヶ谷付近

北総開発鉄道が線路を設ける以前の鎌ヶ谷〜六実間。まだ単線で、丘陵を掘り込んだ工法で通過していた。また新京成線と交差するも、接続駅は設置されなかった。

▲新鎌ヶ谷駅の駅前広場

ロータリーを挟んで、ショッピングセンター等が並んでいる。

▲新鎌ヶ谷駅

半地下式になった新鎌ヶ谷駅のホーム。新京成線は地上ホーム、北総線は高架ホームと3層の接続駅になっている。この3路線のなかでは最も遅い駅開業だった。

新鎌ヶ谷駅は平成11（1999）年に北総線と新京成電鉄との接続駅として開業した。この場所に最初に線路を設けたのは東武野田線の前身、北総鉄道（現在の北総鉄道とは無関係）時代の大正12（1923）年のこと。そのころは鎌ヶ谷郊外の山林と畑だけの原野だったという。

やがて戦後になって新京成線が線路を延ばし、のちに平成となったころに北総線が延伸してきてこの場所で3路線がクロスした。いまや新市街としてホテルやショッピングセンターが建ち並ぶ新鎌ヶ谷は、このときからスタートしたことになる。しかし、最初に駅を設けたのは北総線で、次に新京成線、最後が東武の順だった。その後、京成成田空港線（成田スカイアクセス）も乗り入れるようになり、拠点駅として急成長した。東武線の駅は地面を掘り下げたオープンカット方式で半地下式の相対ホームを持ち、地上部分に箱のようなスクエアな駅舎を構えている。そのホームの末端からは上を横断する新京成電車を見ることもできる。

駅のある鎌ケ谷市にはプロ野球北海道日本ハムファイターズのファームがあり、新鎌ヶ谷駅と鎌ヶ谷駅の発車案内メロディはファイターズ賛歌が使われている。

東武鉄道新鎌ヶ谷駅

東武鉄道改札口

新鎌ヶ谷駅の入口

新京成電鉄の改札口

総武鉄道海神線

いまでは高架駅となっている東武鉄道船橋駅だが、かつてはこの駅から小さな支線が延びていた。これは海神線と呼ばれた路線で、船橋駅北口から京成電気軌道（当時）海神駅までの約1.4㎞の非電化線だった。開通は大正14（1925）年のことで、もともとは野田線の前身、北総鉄道で運んできた鬼怒川の砂利を京成線で利用するための引き込み線だった。

後年、この線路を旅客用として使うプランが浮上して、昭和４（1929）年からガソリンカーでの運転が始まった。しかし営業成績は芳しくなく、昭和９（1934）年には路線もろとも廃止されてしまう。この強引とも言える京成への連絡線建設の背景には、北総鉄道設立時の社長を京成電気軌道社長の本多貞次郎が兼ねていたこともあったという。結局、北総鉄道はのちに総武鉄道となり、次第に京成の影響力が薄れていく過程で消えていった路線だった。

京成電鉄の海神駅

海神線の沿線地図

所在地	千葉県鎌ケ谷市道野辺中央2－1－10
ホーム	2面2線(高架駅)
乗降人数	22,339人
開業年	大正12(1923)年12月27日
キロ程	55.2km(大宮起点)

Kamagaya St.

鎌《かま》ケ《が》谷《や》

北総台地の中心に最初の駅を設けたローカル駅が見違えるように変身

提供：鎌ケ谷市

◀かつての駅前

山林を切り開いて設けられた鎌ケ谷駅と、駅前にあった雑貨屋の風景。開業以来の木造駅舎も見える。キャブオーバーの東武バスは同型車が東武博物館に展示されている。

撮影：石本祐吉

▼鎌ケ谷駅ホーム

起伏のある地形を切り崩して設けられた鎌ケ谷駅。単線ゆえに列車交換がよく行われていた。写真は塗色が違う3000系同士のすれ違い。

◀鎌ケ谷駅西口

鎌ケ谷駅の西口はやや手狭な印象。こちら側には東武ストアなどがある。すでに駅周辺は電線も地中化されて、すっきりとした都市景観を見せている。

新鎌ヶ谷では半地下を走っていた東武野田線も、ひとつ南側の鎌ヶ谷駅では連続立体交差の高架駅になっている。平成13(2001)年に改築された駅舎は、2面2線のホームをまるごと覆う新幹線駅のようなスタイルとなった。それ以前は単線で、ホームの西側に平屋の木造駅舎という、ほとんど開業以来の姿だったという。

鎌ヶ谷の駅名は明治22(1899)年に成立した鎌ヶ谷村からとったもので、もともとは近くを通る木《き》下《おろし》街道の宿場町の名が鎌ヶ谷宿だった。長らく船橋郊外の農産物の集積地だった鎌ヶ谷は、高度成長期も巨大団地開発とは無縁だった。しかし、駅周辺は1990年代から急速に都市化して、以前あった東側の森も消滅し、いまでは高層マンションが駅前ロータリーを取り囲んで風景を一変させている。

ところで、同じ鎌ケ谷市内を通る新京成電鉄とはなかなか接続駅をつくらなかったが、新鎌ヶ谷駅の誕生でこれも解消された。それ以前、両線で最も近かったのは当駅と新京成の初富駅で、それでも800mほど離れていた。野田線の前身である北総鉄道創業時は、京成電鉄系の会社で、後年東武鉄道に吸収された経緯もあり、同じエリアに路線を持つライバル同士の関係は鉄道史の面からも興味深い。

提供：鎌ヶ谷市立郷土資料館

▲跨線橋を建設中

構内踏切を廃して跨線橋を建設中の鎌ヶ谷駅。タクシーの駐車場の後ろには平屋だった駅舎の一部も見える。この跨線橋は高架駅に改築されるまで使われた。

撮影：石本祐吉

◀連続立体交差工事中

平成10年当時の連続立体交差工事の様子。正面奥が鎌ヶ谷駅。複線分のコンクリート高架橋ができつつある。

撮影：荻原二郎

▶高架化工事の様子

高架化される前、仮設ホームの鎌ヶ谷駅。隣には高架構造物が姿を見せている。このころは5000系が野田線の主力だった。

▲現在の鎌ヶ谷駅

平成13年の連続立体交差事業の完成とともに竣工した鎌ヶ谷駅。これにより駅周辺も一気に都市化した。写真は東口のロータリーから見た駅舎。

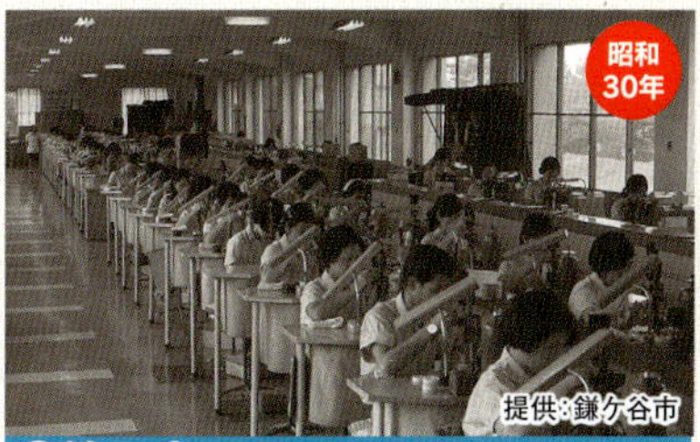

提供：鎌ヶ谷市

▲精工舎

鎌ヶ谷駅の西側にはかつて精工舎の時計工場があった。すでに工場跡はマンションに変わっているが「精工舎通り」の呼び名が残っている。

撮影：山田虎雄

▲地上駅の頃

単線だったころの鎌ヶ谷駅。ちょうど六実駅方向に電車が見える。駅の半分は丘にかかっていて、雑木林が2番線にまで枝を延ばしていた。

古地図探訪　鎌ヶ谷駅付近

昭和37（1962）年の鎌ヶ谷駅付近の地図であり、駅付近の道路などがまだ未整備であることがわかる。現在は東武野田線の東側をほぼ一直線に走る千葉県道８号線はこの当時、西側を通っていた。また、駅の南側を通り、東を通る県道57号線に至る道路も見えない。

県道57号線はすでに新京成線の東北を真っ直ぐに走っている。現在は、駅の西側には鎌ヶ谷駅前郵便局があり、少し離れた駅の東側に鎌ヶ谷郵便局がある。駅の南西には、「道野辺」「妙蓮寺」の文字が見え、日蓮宗の寺院、妙蓮寺が存在する。その南側には昭和46（1971）年、千葉県立鎌ヶ谷高校が開校している。

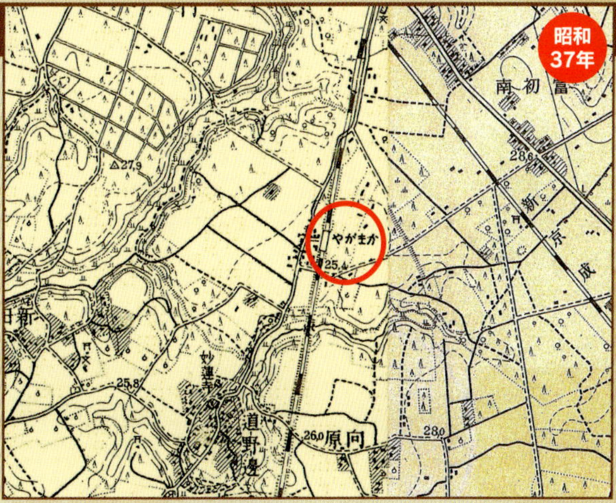

Magomezawa St.

馬《ま》込《ごめ》沢《ざわ》

所在地	千葉県船橋市藤原７－２－１
ホーム	２面２線(地上駅)
乗降人数	26,219人
開業年	大正12(1923)年12月27日
キロ程	57.7km(大宮起点)

江戸時代の放牧場に由来する駅名
畑作地帯もいまでは住宅地に変貌

▲馬込沢駅東口

奥に４両編成の電車が見える。通勤通学途上と思われる人々が、右上奥の丸山方面から駅に向かおうとしている。駅舎は昭和61（1986）年に建て直された。

◀馬込沢駅西口

ここも新柏駅のように、地形の窪みを利用した対向式ホームの高架駅になっている。この西口一帯は、道路は細く狭いが静かな商店街と大規模な駐輪場がある。

▲馬込沢駅東口

馬込沢駅東口には隣接して大規模なショッピングセンターがオープンした。しかし、それ以外に商店は少ない。駅周辺にはコインパーキングも目立つ。

大正12（1923）年の開業時は法典駅と名乗り、ほどなく翌年には現駅名の馬込沢に改称した。その理由は定かではないが、この一帯は古くから法典地域と呼ばれ、鎌倉時代に日蓮上人が中山法華寺を創建する際に法を伝えたとの説も残っている。

現在はJR武蔵野線に船橋法典駅があるが、当駅とは２㎞ほど離れている。ともあれ馬込沢駅は東武野田線が鎌ケ谷市から船橋市に入ったところにあって、ゆるやかな傾斜地にある築堤上のホームに半地下の駅舎（改札口）から上る構造の駅だ。このように低地を利用した高架駅は新柏駅などにも見られるが、近隣を流れる二和川が台風などで増水するとこの馬込沢駅の通路はたびたび冠水する。

ところで、この二和川の河川部分は鎌ケ谷市で、囲まれた丸山地区が船橋市の飛び地となっている。その境界が駅構内を通り、雑然とした東口が鎌ケ谷市、ロータリーが整備された西口は船橋市となっている。これは地図上の話だが、なかなか興味深い。

さて、馬込沢駅をはじめ各駅にはかつて下駄箱があり、ぬかるんだ道を長靴で歩いてきた人たちが長靴をしまい、綺麗な靴に履き替えて都会に出かけたと言われる。

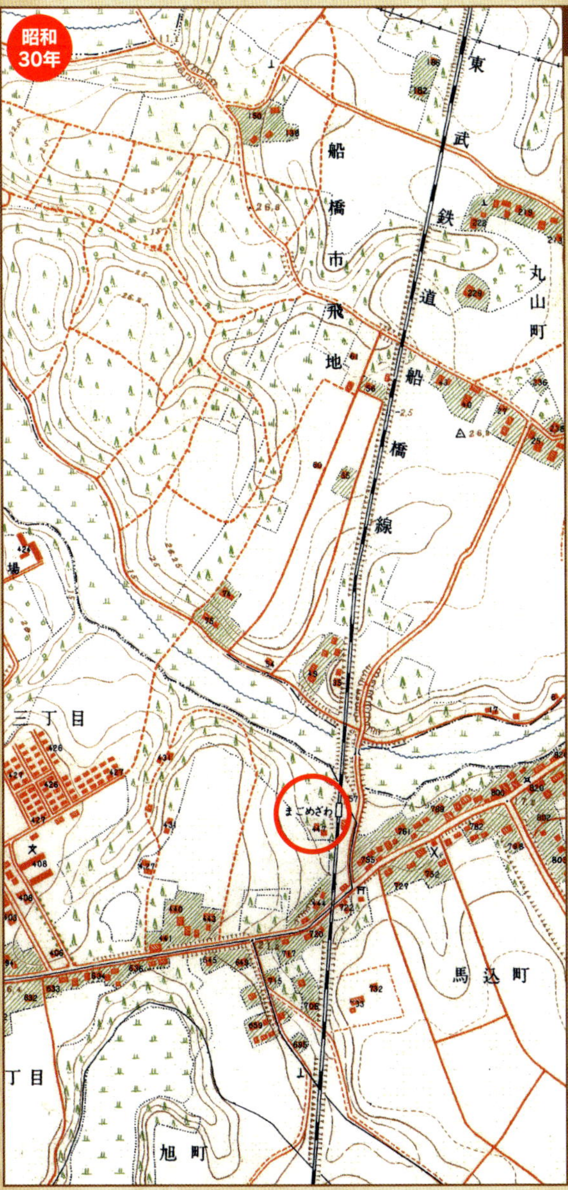

古地図探訪

馬込沢駅付近

この馬込沢駅の所在地は船橋市藤原七丁目であるが、駅は船橋市と鎌ケ谷市、船橋市の飛び地の境界線上にある。駅舎を含む駅の北側は、鎌ケ谷市東道野辺七丁目であり、その北側、馬込沢駅前郵便局がある周辺は、船橋市の飛び地である丸山五丁目である。

馬込沢駅の南側では、千葉県道59号線（木下街道）が南西から延びて、北東の馬込十字路方向に向かっている。この馬込十字路では、県道８号線と交差することになる。駅の西側に見える「文」の地図記号は、昭和22（1947）年に開校した船橋市立法田中学校である。駅の南、木下街道の南側に見える鳥居の地図記号は天満宮である。

△馬込沢駅

ホームに差しかかる船橋行き電車。

▽キャベツ畑を走る

近郊野菜の生産地だった野田線沿線。馬込沢～塚田間の大地を古武士のような7800系電車が快走する。このあたりはまったくの平野が続くところ。ちなみに野田線には、トンネルは1ヵ所もない。

撮影：尾台展弘

さいたま市
春日部市
野田市
流山市
柏市
松戸市
鎌ケ谷市
船橋市
習志野市

Tsukada St. / Shinfunabashi St.

塚《つか》田《だ》・新《しん》船《ふな》橋《ばし》

船橋郊外の工場地帯にあった塚田駅
新船橋駅は大型商業施設の駅に変貌

【塚田駅】

所在地	千葉県船橋市前貝塚町564
ホーム	2面2線（地上駅（橋上駅））
乗降人数	14,236人
開業年	大正12（1923）年12月27日
キロ程	60.1km（大宮起点）

【新船橋駅】

所在地	千葉県船橋市山手1－3－1
ホーム	2面2線（高架駅）
乗降人数	11,918人
開業年	昭和31（1956）年9月15日
キロ程	61.3km（大宮起点）

▲大工場と新船橋駅

巨大なプラントのすぐ隣を野田線が走っていた。ここはかつての軍需工場だったという。戦後は工場従業員のために新船橋駅が設けられた。

◀塚田駅東口

東口は路地の奥のような場所にある。それでも近くには大型のマンションも建ち、駅の利用者も増えてきた。

▶塚田駅西口

道路に面して西口を設けている。埋没しそうな商店街の風景だが、三角形のファサードで駅であることを主張。

◀新船橋駅

船橋周辺の連続立体交差区間に入っている新船橋駅。素っ気ない高架駅だが近隣に大型スーパーが完成。

馬込沢から南下してきた東武野田線の車窓に、ちらほら工場が見えてきたところに塚田駅がある。駅は2面2線のホームに橋上駅舎というごく一般的なスタイルだが、周辺は家屋が建て込んで駅前広場もない。現在は旅客に徹した構えだが、戦時中は近くにあった日本建鐵工業・三菱化工機の2社が航空部品や液体酸素を積み出していた。当時はその積み出し用のホームも設けられ、野田線船橋～柏間で旅客用も含めて2本ホームを持っていたのはこの駅だけだったという。

また、戦争遺構といえば駅の西方にある行田公園は海軍の無線施設の跡で、戦時中は高さ182mの大鉄塔6基が林立していた。現在も直径1kmに及ぶ円形の地割りを残している。

塚田駅から積み出す軍需品を生産していたのが、現在の新船橋駅に隣接する場所にあった日本建鐵工業だった。ここでは戦時中の最盛期に、徴用工など2万人もの人たちが海軍の戦闘機の組み立て作業などを行っていた。

この大工場は戦後も生き残り、その工場の従業員通勤のために昭和31（1956）年に開設されたのが新船橋駅だ。当初は地上駅だったが、昭和55（1980）年の船橋～新船橋間高架化にともなって高架駅となった。現在はその工場跡地にイオンモール船橋店が展開。駅の東側もマンション街に変貌した。

▶新船橋〜船橋間

船橋駅の近くとは思えない水田地帯。昭和50年代までは船橋市内でこのような風景が見られた。走るのは7800系の2両編成。堂々の4扉車だ。

▼塚田駅付近

戦争中は戦闘機の組み立てを行っていた工場のすぐ横を清水公園行き3000系電車が走って行く。すでに6両編成となっていたが、非冷房だった。

▲船橋〜塚田間

扉数が異なる電車同士で組むケースが多かった戦前型電車の3200系。塚田駅付近では近郊の工場へ延びる引き込み線（手前の線路）もよく見られた。

▲現在の新船橋駅

工場転じて大型マンションになった新船橋駅北側。アーバンパークラインのステッカーを張った8000系電車が進入するところ。ここから船橋駅まで連続立体交差になる。

古地図探訪　塚田・新船橋駅付近

昭和28（1953）年の塚田、新船橋駅付近の地図のため、昭和31（1956）年に開業した新船橋駅は地図上には見えない。地図の上方、塚田駅の南西には三菱化工第二工場、下方には三菱化工第一工場、日本建鉄工場、日本発酵工場が存在している。このうち、日本建鉄工場の敷地がイオンモール船橋に変わり、その東側の東武野田線上に新船橋駅が誕生している。

また、現在も日本建鉄本社は残っており、その南側には船橋市立海神中学校が存在する。地図の左（西）側、「行田町」の文字付近に見える円の一部は、行田公園の外周道路である。

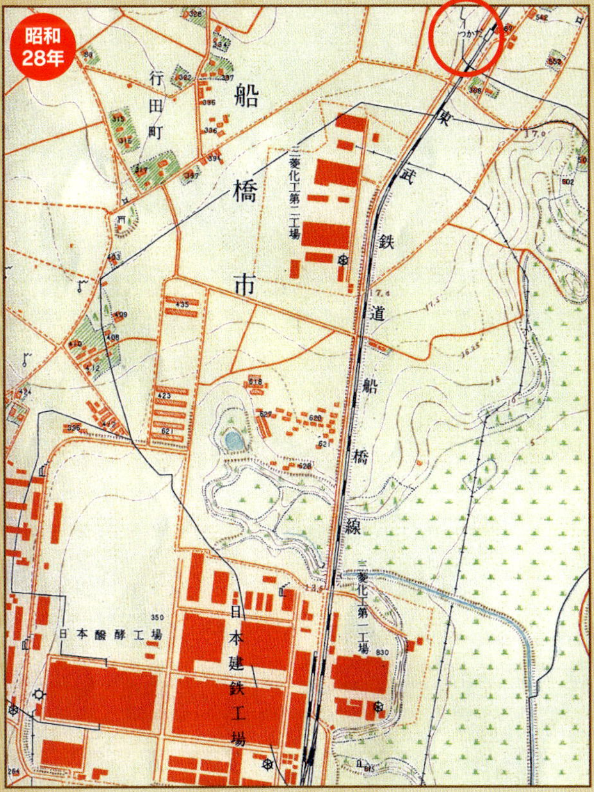

所在地	千葉県船橋市本町7－1－1
ホーム	1面2線(高架駅)
乗降人数	112,000人
開業年	大正12(1923)年12月27日
キロ程	62.7km(大宮起点)

Funabashi St.

船《ふな》橋《ばし》

東武野田線、南の起点駅 JR総武線に接続して広域ネットワークを形成

撮影：山田虎雄

かつての船橋駅

国鉄船橋駅の北側、地上駅だったころの野田線改札口。頭端式ホームの末端に駅舎があった。当時から国鉄駅への連絡改札口はなかった、正面に電車が見える。

地上駅の時代

すでに高架化していた国鉄総武線側から見た東武野田線の電車。単線線路が急カーブで船橋駅構内に接近してくる様子がわかる。電車は3000系。

撮影：山田虎雄

現在の船橋駅

船橋駅北口には東武百貨店船橋店が8階建てのターミナルデパートを構えている。東武電車が発着する2階から駅前広場にペディストリアンデッキが延びている。

東武野田線がJR総武本線と接続する路線南端のターミナル駅。新船橋方面から高架線を急カーブで進入する電車は、そのまま3階の1面2線ホームに吸いこまれていく。ここは線内初のホームドア設置駅となっていて、ホーム末端は両側の柵が絞りこまれて舟の先端のようになっている。

このコンパクトなターミナルから1時間に6本、朝のラッシュ時には1時間11本の列車が発車していく。そのほとんどが柏行きで、一部の電車が全線を走破する大宮行き電車となっている。朝のホームでその発着を見ていると、かなり忙しく感じる。ちなみにかつてはJRのホームと連番だったが、現在は野田線だけの番線表示になった。

改札口は一段下った2階にあり、ここは東武百貨店の入口にもなっている。JRとの乗り換えは1階自由通路を経由する。また、野田線の駅そのものはJR船橋駅の北側に位置し、城壁のような8階建ての東武百貨店が隣にそそり立っている。また、京成船橋駅は総武線の南側にあり、乗り換えには10分ほどの時間が必要だ。

駅の開業は総武鉄道時代の大正12(1923)年だが、当初の北総鉄道は京成と社長が兼務する京成系の企業だったため、昭和9(1934)年まで船橋駅から京成本線海神駅まで非電化の海神線を延長させていた。しかし、いまは跡形もなくなっている。

提供：船橋市

▲高架化完成

昭和45年には国鉄船橋駅が高架化された。写真は南口の西武百貨店から見た駅周辺。北側の地上にあった旧ホームも見える。東武船橋駅の高架化は昭和52年。

撮影：山田虎雄

▲高架ホーム

2階高架駅が完成したころの船橋駅野田線ホーム。この当時は国鉄線ホーム1～4番、東武線5・6番と通し番号で表示していた。

撮影：山田虎雄

▲東武デパート

船橋駅北口に東武百貨店がオープンしたのが昭和52年のこと。南口には西武百貨店もあり、船橋駅を中心に商業地域になっていった。写真はまだペデストリアンデッキがなかったころの船橋駅北口。

◀船橋駅ホーム

頭端式1面2線の船橋駅ホームは3階にあり、2階が改札である。ホーム柵が設置されたのは平成26（2014）年3月。

撮影：山田虎雄

▶駅ビルの案内

船橋駅北口に建設中の東武百貨店と野田線ホームの案内。これに合わせて北口の駅前も整備された。

古地図探訪　船橋駅付近

北から南下する東武野田線、一直線に進む国鉄線、その北側から南側を走るようになる京成線の3本の鉄道がある。東武、JR線が連絡する船橋駅、その南に位置する京成船橋駅は、ともに船橋市本町にあるが、少し離れた場所に存在する。両駅の中間付近に見える昭和産業工場は移転し、現在は西武百貨店船橋店が営業している。

地図中央の西側、野田線の西、京成線の東に見える「文」の地図記号は、船橋市立海神小学校である。現在、この学校の北東、野田線の東側（現・海神二丁目）には、平成8（1996）年に東葉高速鉄道が開通し、地下駅の東海神駅が置かれている。

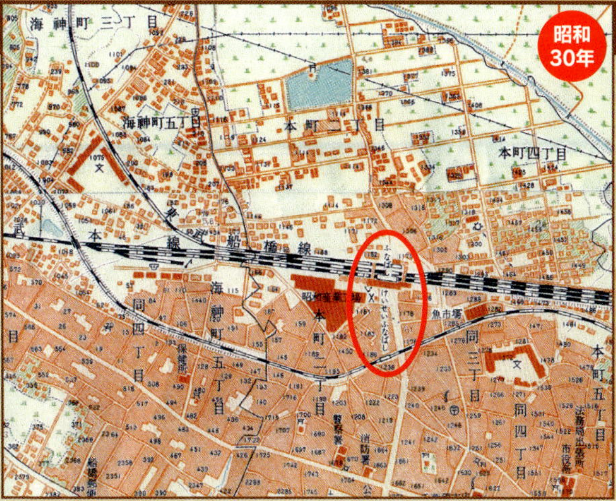

野田線の車両図鑑

文・BJエディターズ 加藤佳一
写真・矢崎康雄（特記以外）

クハ220形、クハニ470形

総武鉄道引き継ぎ車。総武鉄道の合併にあたり、昭和４（1929）年の電化時に製造された車両が引き継がれ、引き続き野田線で使用された。２段式の側窓やガーランド型ベンチレーター、運転席上の通風機など、同時期の東武車両とは異なるスタイル。東武ではモハ1200形、モハニ1270形、クハニ470形となった。しかし、主要機器の一部も東武車両とは異なるため、保守上の都合から電動車の電装を解除。モハ1200形はクハ220形に、モハニ1270形はクハニ470形の追番に変更された。

3200系

東武オリジナルのデッカー車。昭和初期に製造され「デッカー」と呼ばれたデハ４～６形は、戦後の改番で3200系（電動車が3200番台、制御車が200番台）に集約された。また電動車不足を補うため、戦後の運輸省規格型車両を同じ機器で電装した仲間も加わった。優等列車型の２扉車と通勤型の３扉車、クハニやクハユなどの合増車もあり、バラエティに富んだグループ。この一部が野田線で活躍していたが、1960年代から70年代にかけて後述の3000系に更新されている。

7800系（7800型、7820型）

終戦直後に運輸省から割り当てられた国鉄63系電車をもとに、東武が独自設計した20ｍ４扉車。昭和28（1953）～昭和36（1961）年に製造された。初期型の7800型、トイレつき改良型の7890型、トイレなし量産型の7820型、鋼製屋根を持つ7860型、アルミサッシ・広幅貫通路の7870型があった。野田線には7800型と7820型の一部が配置されたが、1960年代に3000系が登場すると本線系統に転属し、野田線での活躍は10年足らずに終わった。

3000系
(3000型・3050型・3070型)

老朽化した戦前型車両の車体を、18m３扉で8000系スタイルに更新したもの。昭和39（1964）年から更新が始まり、3200系が種車の3000型、5400系が種車の3050型、5310系（旧特急車）が種車の3070型（当初は5000系であったが、7800系を更新した5000系が登場したため改番）がある。野田線には3000型全車と3050・3070型の一部が配置された。しかし、3070型は他形式と混結できなかったため、のちに全車が日光線ローカルに集められた。

8000系

昭和38（1963）～昭和58（1983）年に712両が製造された8000系だが、初めて野田線入りしたのは昭和52（1977）年と遅い。5000系の配置でいったん転出したのち、平成元（1989）年から再配置され、今日まで活躍を続けている。8000系は昭和61（1986）年から車体修繕工事が施されており、野田線には主に施工済みの車両が転属している。一時期は４両固定＋２両固定の６両編成も見られたが、現在はすべて６両固定編成となっている。

5000系
(5000型、5050型、5070型)

老朽化した7800系の車体を、8000系と同型の車体に更新したもの。昭和54（1979）年から更新が始まり、非冷房の5000型、冷房つきで４両・２両固定編成の5050型、６両固定編成の5070型がある。5050・5070型は全車が野田線に配置され、5000型も冷房改造後に野田線入りしている。8000系の転入が進むにつれて、5000型と5050型は伊勢崎線・日光線ローカルに転用され、６両固定編成の5070型だけが平成16（2004）年まで野田線で活躍した。

撮影:小川峯生

新京成の車両図鑑

10000系（10030型）

8000系の後継車両として、地下鉄有楽町線直通用の9000系をもとに設計された地上線専用のステンレスカー。昭和58（1983）年から製造が開始され、コルゲート車体の10000型、ビードプレス車体の10030型、冷房・送風装置の形状が変更された10050番台、ＶＶＶＦインバータ制御試作車の10080型がある。野田線には10050番台を含む10030型が転入。60000系に準じた青色と黄緑色の帯に変更のうえ、平成25（2013）年から活躍を開始した。

60000系

平成25（2013）年に投入された野田線初となる純粋な新製車両である。50000系をもとに設計され、ＶＶＶＦ制御、アルミ合金車体を採用。青色（フューチャーブルー）の帯と黄緑色（ブライトグリーン）のドア脇アクセントを配した新たなデザインで登場した。行き先、次駅、駅設備などを表示する液晶ディスプレイを各ドア上に設置。東武車両では初めて無線ＬＡＮサービスを行っている。現在、６両固定16編成が活躍を開始している。

ED3000形

総武鉄道が昭和４（1929）年の電化時に新製した箱形・デッキつきの電気機関車。イギリスのイングリッシュ・エレクトリック社が製造したもので、デキ１形１～３号の３両。東武鉄道に引き継がれたあとは、ED3000形3001～3003となり、引き続き野田線内の貨物列車牽引や野田市駅構内での入れ換え作業に使用された。老朽化のため昭和49（1974）年までに３両とも廃車され、杉戸機関区のED5010形などに置き換えられた。

第2部

新京成電鉄

松戸を起点に京成津田沼まで、千葉県北部の北総台地に路線を設けた26.5kmの電鉄線。この路線は陸軍鉄道連隊が演習線としていた鉄道の一部を京成電鉄が引き継いだもので、子会社の新京成電鉄によって全通したのは昭和30年と比較的歴史の浅い鉄道でもある。しかし、早い時期から独自のコンセプトでオリジナルの電車を走らせ、営業面でも好成績をあげている。

常盤平付近ですれ違う800形と北総7000形。

Matsudo St.

松《まつ》戸《ど》

江戸川の河岸段丘を下った電車はJRと並ぶホームに発着する

所在地	千葉県松戸市松戸1181
ホーム	1面2線(地上駅(橋上駅))
乗降人数	107,318人
開業年	昭和30(1955)年4月21日
キロ程	0.0km(松戸起点)

昭和30年

撮影:石本祐吉

▲新京成開通

昭和30年、松戸駅東口に開業した新京成電鉄の開通モニュメント。「千葉ゆき近道」の看板も目立つ。わずかに停車中の新京成電車も見える。

昭和30年

撮影:荻原二郎

◀松戸駅ホーム

国鉄常磐線側から見た新京成の松戸駅ホーム。停車するのはモハ300形。昭和30年代の開業当初は京成電鉄の中古車両で運行されていた。

昭和45年

撮影:矢崎康雄

◀新京成の駅舎

松戸駅の新京成ホーム末端にあった駅舎。跨線橋で国鉄常磐線と連絡していた。新京成線ホームも国鉄ホームから順に番号を並べていた。

JR常磐線と接続する松戸駅は新京成線の北の起終点となっている。ホームは常磐線の東側に1面2線があり、JRホームと連番で7番・8番ホームとなっている。列車は基本的に交互の発着でJR線とは南北2つの跨線橋で結ばれ、それぞれに連絡改札口がある。また、ホーム南側の末端には松戸駅の東西を結ぶ橋上駅のペデストリアンデッキがあり、ここに新京成の中央改札口を設けている。しかし、駅の基本施設のみのシンプルな構造で、他の中間駅に多く見られる駅ビルの類は一切ない。これは東側のターミナルである京成津田沼駅も同様で、後発鉄道の幹線接続に見られる控えめな感じが見てとれる。

新京成線の松戸駅が開業したのは昭和30(1955)年で、鉄道連隊演習線を改修して延びてきた路線を駅に接続させるため、隣の上本郷駅付近から路線を新設しての開業だった。

かつての演習線は現在の松戸中央公園や聖徳大学がある相模台にあった陸軍工兵学校にまで延びていたが、現在その跡をたどることは難しい。ちなみにこの相模台には明治から大正にかけては松戸競馬場(のちに移転して中山競馬場となる)もあった。

国鉄松戸駅は江戸川の河岸段丘の下に位置し、長らく下総台地を走ってきた新京成線は25‰の勾配で標高26.5mの上本郷駅から5.5mの松戸駅へと下っていく。トンネルも河川橋梁もない新京成線のなかでは、唯一と言ってもよい難所がこの勾配区間なのだ。

国鉄電車と並ぶ

1970年代、松戸駅で並ぶ新京成200系と常磐線103系1000番代電車。この駅は、新京成線としては唯一の国鉄線接続駅だ。

新京成松戸駅

国鉄側の跨線橋から見た新京成のホーム。戦前型の126形電車が停車している。後年、国鉄の留置線に常磐線各駅停車線のホームが増設された。

木造電車モハ47

開通の飾り付けをしているところ。停車するのはモハ45形。木造車だが自動ドアを装備していた。

橋上化された松戸駅

昭和46年に松戸駅橋上駅舎が完成し、新京成の改札口も一新した。写真はその後の東口。のちにここも高架デッキとなる。

古地図探訪

松戸駅付近

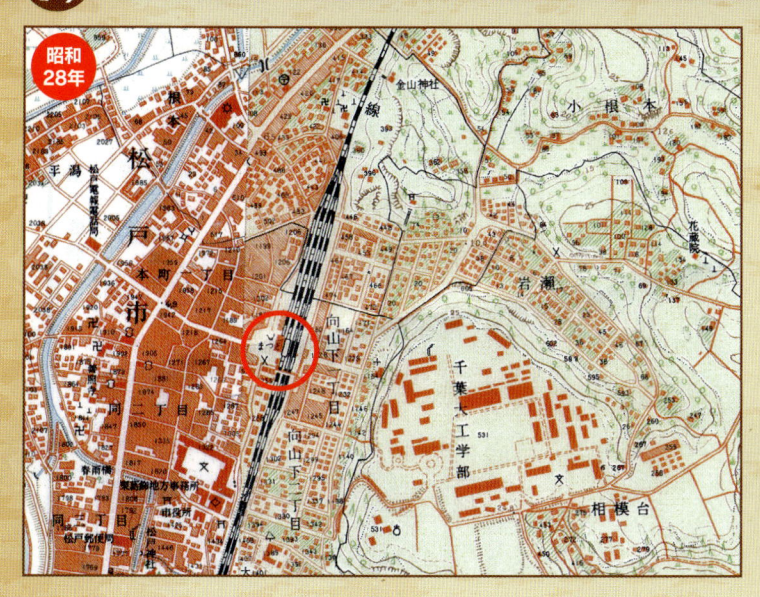

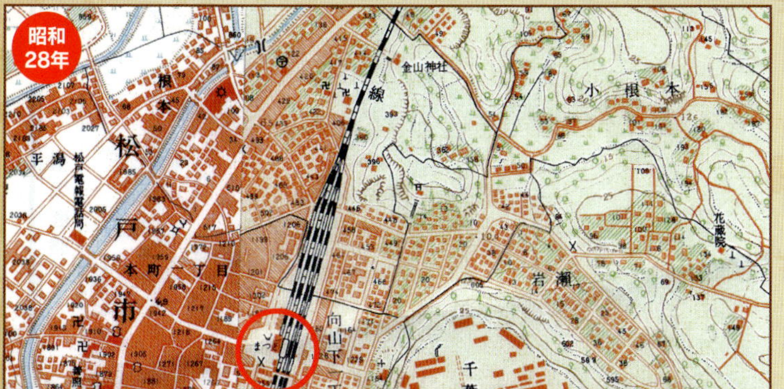

地図の上方には、江戸川に注ぐ坂川、新坂川の流れが見える。2つの流れと国鉄常磐線の間には、流山街道（千葉県道5号線）が走っている。この道路が新坂川を跨ぐのが春雨橋であり、この付近には、松戸神社、松先稲荷神社のほか、松戸市役所や松戸郵便局、松戸労基署などが置かれていた。現在は、松戸市文化ホール、伊勢丹松戸店などが誕生している。松戸市役所は駅の東側、新京成線沿いに移転している。

駅の東側は台地になっており、この当時は千葉大学工学部のキャンパスがあった。現在は聖徳大学、聖徳短大のキャンパスに変わり、緑豊かな松戸中央公園は市民の憩いの場となっている。

Kamihongou St. / Matudoshinden St. / Minoridai St.

上《かみ》本《ほん》郷《ごう》・松《まつ》戸《ど》新《しん》田《でん》・みのり台《だい》

鉄道連隊演習線から離れて新線を建設
松戸周辺の住宅開発とともに誕生した3駅

【上本郷駅】

所在地	千葉県松戸市上本郷2648－11
ホーム	1面2線(地上駅(橋上駅))
乗降人数	6,963人
開業年	昭和30(1955)年4月21日
キロ程	1.7km（松戸起点）

【松戸新田駅】

所在地	千葉県松戸市松戸新田264－2
ホーム	2面2線(地上駅)
乗降人数	6,367人
開業年	昭和30(1955)年4月21日
キロ程	2.4km（松戸起点）

【みのり台駅】

所在地	千葉県松戸市松戸新田575－19
ホーム	2面2線(地上駅)
乗降人数	8,350人
開業年	昭和30(1955)年4月21日
キロ程	3.0km（松戸起点）

提供：松戸市立博物館

上本郷駅
橋上化される以前の上本郷駅。ホームの南側に箱のような駅舎を持っていた。現在は家屋が密集しているが、当時の駅前は広々としていた。

提供：松戸市立博物館

線路工事
上本郷～松戸間には、北総台地から江戸川沿いの低地にある松戸駅まで約25‰の勾配がある。新京成線のこの区間は、新規工事で建設された。

撮影：荻原二郎

松戸新田駅
ボックス型のシンプルな駅舎が置かれていた。

上本郷駅が開業した昭和30（1955）年当時の航空写真を見ると、ほとんど畑の中の停車場だった。これが昭和40年代になると宅地開発が始まり、松戸～上本郷間には国道6号も新たに建設された。現在の上本郷駅舎は平成元（1989）年に改築された橋上駅と3階建ての駅ビルを持ち、正面口となる南口にはロータリーもあって、駅らしい風格も備えている。この上本郷駅から松戸新田方面は下総台地上の平原地帯で、国鉄幹線でもある常磐線松戸駅に近いこともあって新京成電鉄の開通により一挙に宅地開発が進んだ地域だった。

駅間距離が700mと比較的近距離に松戸新田駅があり、こちらは相対式2面2線ホームの東側末端にそれぞれ改札口を持っている。橋上駅化が進んだ新京成電鉄の各駅だが、このような地上改札口は階段が少ない分使いやすい。鉄道連隊演習線の「廃線跡」利用したこの鉄道だが、上本郷～みのり台間は新京成線開設の際に短絡線を設けたもので、わずかに道路の地割でかつての演習線跡をたどることもできる。

みのり台駅は松戸新田と同じく、相対式ホームの末端にそれぞれ改札口駅舎を設けたもの。ただし、駅周辺は当駅のほうが賑やかな印象だ。駅名は松戸市に合併される以前にあった旧明《あきら》村の字名に由来するもので、現在も駅の南方一帯に「稔台」の地名が残っている。

撮影：荻原二郎

◀みのり台付近

松戸新田駅から新津田沼行きの1100形電車を見送る。これは昭和16年製で、1960年代にはまだ戦前に製造された電車が走っていた。線路の先にみのり台駅が見える。

撮影：矢崎康雄

▲松戸新田駅

松戸新田駅に進入する8000系。新京成オリジナル電車として活躍中。後ろのゴルフ練習場はサミットストアになった。

撮影：荻原二郎

▶みのり台駅

駅舎の基本的なスタイルは現在に引き継がれている。

◀現在の松戸新田駅

相対式ホームの末端にそれぞれ改札口を持つ松戸新田駅。標高25mほどの台地上にある。

◀現在の上本郷駅

すでに平成10年に橋上化された上本郷駅舎。新京成沿線によく見かける小規模の駅ビルを持っている。

▶みのり台駅

みのり台駅も相対式ホームそれぞれに改札口が分けられている。津田沼方面行き駅舎にはタイル画が飾られている。

古地図探訪

上本郷・松戸新田駅付近

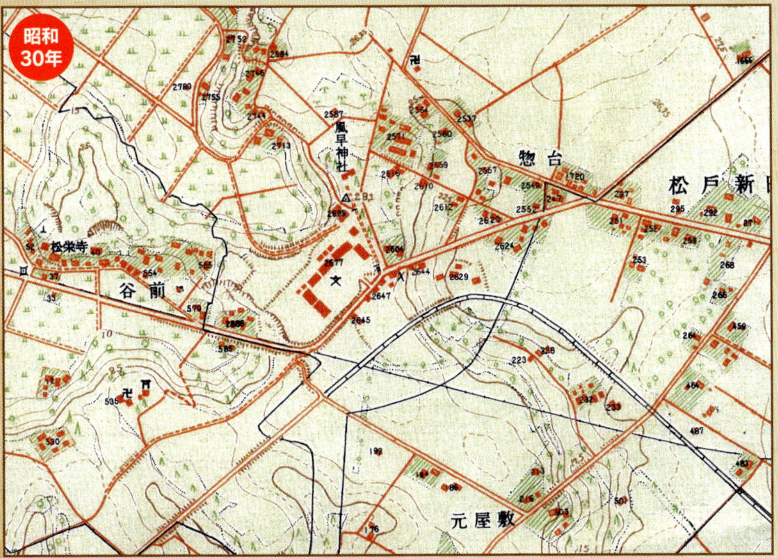

地図の中央やや上にある風早神社は、千葉氏の一族、風早氏の居館跡に建てられたという。この神社の南に見える「文」の地図記号は当時、この地に校舎があった松戸市立第六中学校で、昭和53(1978)年に移転し、跡地には松戸市立上本郷第二小学校が開校している。この学校の南側に昭和30(1955)年、新京成線の上本郷駅が開業している。

地図の東側、「松戸新田」の文字がある付近には同年、松戸新田駅が開業した。また、地図の西側、「谷前」の付近には、松栄寺が見える。現在、この付近は水戸街道（国道6号）が通り、「南花島」の地名と交差点がある。

Yabashira St.

八《や》柱《ばしら》

霊園の玄関として開業
武蔵野線と接続して大発展した

所在地	千葉県松戸市日暮1－1－16
ホーム	1面2線(地上駅(橋上駅))
乗降人数	45,140人
開業年	昭和30(1955)年4月21日
キロ程	3.8km(松戸起点)

提供：松戸市立博物館

かつての八柱駅

改築前はカーブの途中に設けたホームと、末端に建てられた小駅舎だけの駅だった。写真は現在の南口にあたる場所。すでにロータリーの植え込みもある。

現在の八柱駅南口

橋上駅と接続する駅ビルの左隣に、さらに八柱駅第2ビルも建つ。右側の地下にはJR武蔵野線の新八柱駅も開業し、沿線屈指の繁華街となっている。

八柱駅北口

南口に比べて静かな雰囲気の八柱駅北口。それでも駅前ロータリーをマンションが囲んで都会駅らしい風景を見せている。

新京成線は八柱駅でJR武蔵野線新八柱駅と連絡する。利用客も多く、1日平均乗降客は45,140人(2013年)で、新京成線内では第3位となっている。それだけに駅構内も終日賑わい、橋上駅の南口には「新京成第1」と「新京成第2」の2つの駅ビルを構えている。

武蔵野線新八柱駅は地下にホームを置いているが、こちらは「しんやはしら」と濁点をつけない駅名表記だ。ちなみに現在の行政地名に「八柱」は存在せず、昭和30(1955)年の新京成線開業時に、近隣で最も知られていたのが昭和10(1935)年に開設された東京都立八柱霊園(開設時は東京市立霊園)だったことに由来するという。

また、明治時代に存在した八柱村も駅とは離れたところにあった。周辺はマンモス団地の開発によって発展した常盤平駅などに比べると、昭和50年代になっても駅前に畑が広がっていた。しかし、昭和53(1978)年10月に国鉄武蔵野線が開通してから開発が進み、現在では松戸市郊外の住宅地に変貌している。

近郊の見どころでは、八柱と常盤平のほぼ中間にある「21世紀の森と広場」があり、自然地形を生かした大型の都市公園となっている。園内の松戸市立博物館では、昭和30年代の常盤台団地2DK住宅をまるごと再現した展示が面白い。また、公園に隣接する「森のホール21」の近くでは、鉄道連隊演習線の廃線跡をたどることができる。

提供：松戸市立博物館

◀鉄道建設中

八柱付近で路線建設中の貴重な写真。鉄道連隊演習線の敷地を再利用しているが、軌間が異なるため線路は新しい。

▲JR新八柱駅

昭和53年に国鉄武蔵野線新八柱駅が開業、新京成線の下を地下駅で交差している。八柱駅も含め松戸市内では有数の利用者数だ。

▼橋上化工事の八柱駅

昭和54年に駅舎が橋上化された。すでに昭和37年には複線化され、後に武蔵野線新八柱駅と接続することで周辺は大きく発展した。

▲現在のホーム

ホームに停車する8800系電車と、これを模した自販機コーナー。8000系は昭和61年に首都圏初のVVVFインバーター制御車として登場した。周辺もビル街に変貌している。

撮影：石本祐吉

古地図探訪 みのり台・八柱駅付近

新京成線、武蔵野線が開通しておらず、現在とは大きな隔たりがある地図であり、地名もかなり変わっている。その中で目印となるのは、八柱・新八柱駅の所在地である「日暮」の地名で、地図の東側に見える。また、その付近にある白髭(髪)(しらひげ)神社は現在、八柱・新八柱駅の南東側にあり、その北側を千葉県道281号線が通っている。

みのり台駅付近には、「来葉」の地名が見えるが、現在は「稔台」となっている。みのり台駅は、県道281号線のすぐ北側に位置し、この付近では新京成線と県道が最も接近しながら走っている。

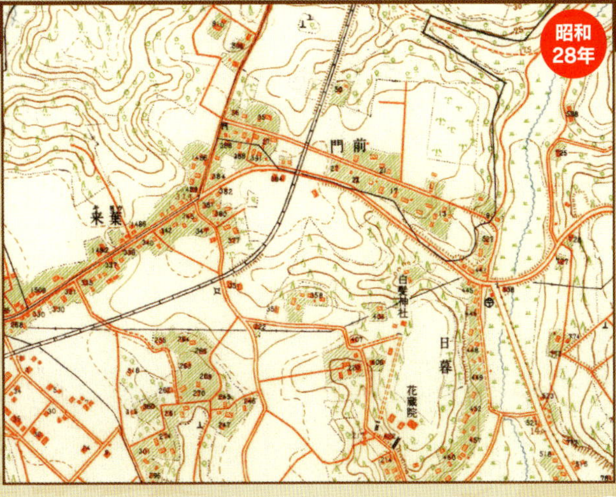

Tokiwadaira St.

常《とき》盤《わ》平《だいら》

所在地	千葉県松戸市常盤平1－29
ホーム	1面2線(地上駅(橋上駅))
乗降人数	18,643人
開業年	昭和30(1955)年4月21日
キロ程	5.6㎞(松戸起点)

開業時は簡素な無人駅がニュータウンの玄関へと変貌

提供:松戸市立博物館

△常盤平駅の駅前風景

昭和40年代、常盤平団地の開発とともに駅前通りにも商店街が発展してきた。現在は駅前の噴水や彫刻も撤去され、小さかった街路樹のケヤキも大木に成長している。

撮影:矢崎康雄

△かつての常盤平駅

橋上化される以前。ホームは延長されているが、屋根は一部にしか設置されていない。反対側の南口にはのちにマンション併設の常盤平駅ビルが建設された。

◁南口の駅ビル

駅に接してそびえる南口の常盤平駅ビル。橋上駅部分の駅構内にはベーカリーやそば屋などがある。

撮影:山田虎雄

△かつての東改札口

島式ホームの常盤平駅には以前、東側の末端にも木造駅舎と改札口を置いていた。ここは東側の踏切に接しており、利用者は多かった。

駅ビルそのものが14階建てのマンションと一体化した常盤平駅は、1面2線の島式ホームの橋上駅になっている。正面口となる南口にはエスカレーター、北口にはエレベーターを備えた都市型の通勤通学駅で、南口の駅前からは見事に茂ったケヤキ並木が続いている。

駅の開業は昭和30(1955)年で、当時は金ヶ作駅と呼ばれていた無人駅だった。隣の五香駅との間は、前身の鉄道連隊演習線が大きく北に迂回するルートをとっており、新京成線はこれをショートカットしての開業だった。五香駅近くの金ヶ作小学校前の小道がその演習線だったという。また、常盤平駅の北方にある金ヶ作熊野神社は、江戸時代に浅間山の大噴火による降灰で壊滅した田畑の再建を祈念して建立されたものだと伝えられている。

金ケ作駅はその後、駅南方の丘陵地が常盤平団地として大規模に造成されて環境が激変する。昭和35(1960)年から団地の入居が始まり、これに合わせて駅名も金ケ作から常盤平と改称される。やがて公団住宅170棟、4,838戸の巨大団地が出現し、その当時に植栽されたケヤキ並木が常盤平駅前にまで続いているのだ。

ところでこの「常盤平」は、新団地の名前を決める一般公募により決定された。この当時、新京成電鉄に勤務していた青木政次郎氏の応募が採用されたというエピソードも残っている。

◀駅ビルから見た風景

完成したばかりの14階建ての常盤平駅ビルから東側を望む。ホームの末端に東改札口の建物が見える。松戸方向に４両編成の電車が発車していく。

▲開発前の常盤平駅前

昭和30年代の初頭、地図を見ても家屋の表記が全くないところに新しい街を造り始めた。写真は家も人影も、さらには駅名すら無かった頃の常盤平駅前。ここでは鉄道が新しい街を作った。

▲常盤平駅ビルと電車

ホームから見た常盤平駅ビルと新京成電鉄の電車。新興住宅街常盤平駅のシンボルとなったマンションだった。枕木もすでにコンクリート製だ。

古地図探訪

常盤平駅付近

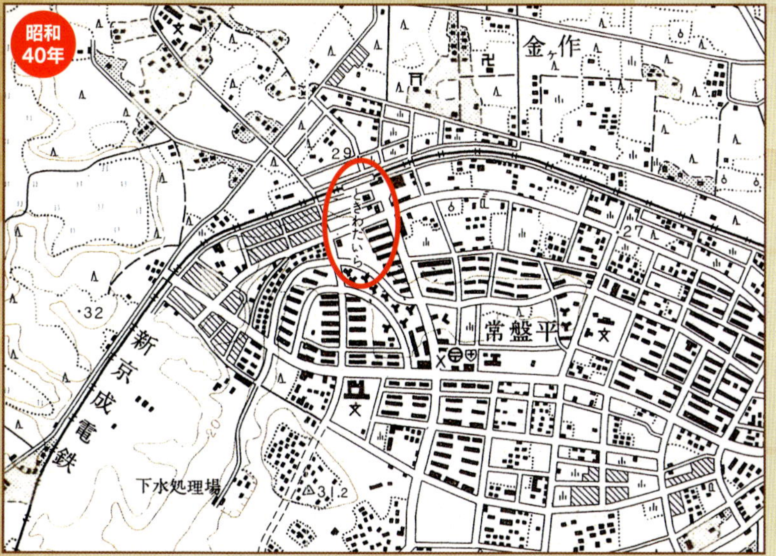

新京成線は南西の八柱駅方面からゆるやかにカーブしながら北東に向かって、常盤平駅に至る。途中、左（西）に見えるのは、千駄堀の自然を生かした総合公園「21世紀の森と広場」である。常盤平駅付近からは、新京成線は進路を変えて、今度は南東に向かうことになる。駅の南側に見える２つの「文」の地図記号は、常盤平第一小学校、常盤平第二小学校で、現在はその中間に松戸市立図書館分館がある。

駅の南側には常盤平幼稚園も生まれている。一方、駅の北側には農地が広がっている。「金ヶ作」の地名付近に見える「鳥居」と「卍」の地図記号は、熊野神社と祖光院である。

Gokou St.

五《ご》香《こう》

利用者の多い
ベッドタウンの駅
かつては電車の車庫もあった

所在地	千葉県松戸市金ケ作408－8
ホーム	1面2線（地上駅（橋上駅））
乗降人数	30,706人
開業年	昭和30（1955）年4月21日
キロ程	7.4km（松戸起点）

撮影年不詳

提供：松戸市立博物館

◀橋上化されたころ

駅前から長い階段で上る橋上駅だった。駅舎そのものはこの当時と変わっていない。正面左手の商店街部分に駅ビルが建設された。

▼五香駅ホーム

五香駅のホームで発車時に車掌が安全確認している126形モハ130。昭和3年製の古豪のような電車は前面5枚窓で走っていた。

昭和36年

撮影：矢崎康雄

現在

◀現在の五香駅

４階建ての五香駅西口ビル。橋上駅の出入口はこの右側。マンモス団地で知られる常盤台団地は徒歩5分の距離だ。

昭和30（1950）年、開業した当時の五香駅は平原の中の、一部に屋根があるだけの島式ホームと、やや離れたところに建てられた駅舎だけだった。しかし、当初から構内に車両基地もあって、新京成線としては重要な役割の駅だった。後年、車両基地はくぬぎ山駅に移転して痕跡もないが、跡地にはスポーツクラブのビルが建っている。

現在の駅舎は、正面口とも言える西口に４階建ての駅ビルがあり橋上駅と接続、駅前からマンモス団地として知られる常盤平団地に向かって道路が延びている。駅には東西に玄関があるが、やはり西口のほうが賑やかな雰囲気だ。

この常盤平団地のほか、牧の原団地などの通勤通学駅として利用客は多く、１日の乗降30,706人（2013年）は乗り換え路線のない単独駅としては新京成線最多となっている。

ちなみに駅名の五香とは、新京成沿線ではおなじみの明治時代の開墾地名のなごりで、北総台地の開拓地に五番目に入植者が移り住んだことに由来する。同じく明治時代、日本政府からワシントンに贈られた桜の苗木も、この五香付近の園芸場から出荷されたという（実際は病気になり、再度別の桜が贈られた）。さらに歴史的な遺構としては、江戸時代に一帯が野生馬の放牧場だったとき、農地との境に築いた「野馬除土手」が駅東方の五香八丁目付近に残されている。

△鉄道建設工事

五香駅建設工事の写真。線路とポイントを設置しただけで、ホームはできていない。この駅には車庫も建設された。

△以前の五香駅前風景

駅前から常盤平団地に続く「常盤平さくら通り」の商店街。現在は千葉県屈指の桜の名所になっている。

△常盤平～五香

この区間は旧軍用鉄道跡を利用せず、新京成による短絡ルートにて敷設され、かなりのショートカットが実現した。

◁留置線の電車

五香車庫の100形（左）と1100形。いずれも京成電鉄からの移籍車だ。この車両基地は昭和50年のくぬぎ山車両基地の完成をもって廃止された。

▷かつての五香車庫

五香車庫は駅の北側（松戸寄り）にあった。この写真の昭和46年当時は自社発注の250形電車も登場してきたところ。世代交代の時期だった。

古地図探訪

五香駅付近

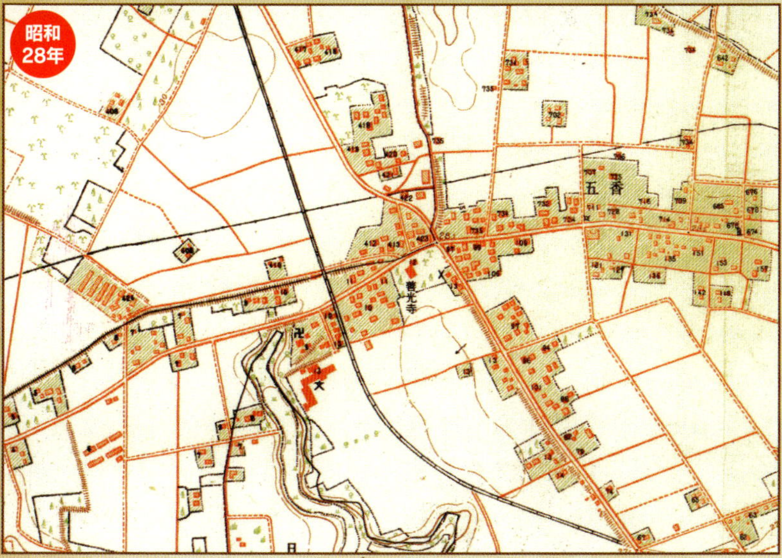

昭和28（1953）年の五香駅周辺の地図である。地図の中央付近で、千葉県道57号線、281号線が交差する地点が、現在の「五香十字路」である。この西側に昭和30年に開業したのが五香駅である。その中間には、浄土宗の寺院、善光寺がある。また、駅の南側に見える「文」の地図記号は、昭和22（1947）年に開校した松戸市立第四中学校である。地図上に見える地名は「五香」であるが、現在の五香駅の所在地は松戸市金ヶ作となっている。また、駅の東側や南東側では「五香」、西側では「常盤平」、南西側では「五香西」の地名が使用されている。

Motoyama St.

元《もと》山《やま》

新京成線最後の開業区間の駅 戦前の飛行場跡を横断する線路

所在地	千葉県松戸市五香南１－５－１
ホーム	２面２線（地上駅（橋上駅））
乗降人数	18,701人
開業年	昭和30（1955）年４月21日
キロ程	8.7㎞（松戸起点）

撮影：矢崎康雄

◀元山駅

昭和30年代の新京成線はまだ単線区間も多く、この元山駅も棒線ホームで列車交換もできない駅だった。くぬぎ山行きの300形２連の電車が発車したところ。小屋のような駅舎も見える。

▼現在の元山駅

橋上駅舎と駅ビルが合体した、新京成に多く見られるスタイルの駅。周辺はかなり建て込んでいて、細い道しかない。線路はここでもカーブを繰り返して進む。

撮影：荻原二郎

◀北総線の電車

北総開発鉄道（現・北総鉄道）と線路の一部を所有する千葉ニュータウン鉄道の9000形が元山駅に停車している。昭和54年から平成４年までの間、新京成松戸と千葉ニュータウン中央の直通運転を行っていた。

津田沼側から北初富、くぬぎ山とひと駅ごとに大きくカーブしてきた線路は、この元山駅の前後にもカーブ区間がある。昭和22（1947）年の新津田沼～薬園台間の第１期開業から始まった新京成電鉄は、元山駅がある昭和30（1955）年の初富～松戸間の第６期開業によって全通となった。

軌間610㎜だった鉄道連隊演習線を軌間1067㎜に改軌、さらに電化を施した新京成は各所で演習線時代のカーブ区間をショートカットしての開業だった。資料によると、この元山駅も数十メートル線路を西側に移設しての開業だったようだ。その当時はもちろん単線で、片側ホームから構内踏切を渡ったところに平屋の駅舎を構えていた。このように、開業は新津田沼側から順次延伸してきたが、複線化は昭和36（1961）年の松戸～八柱間から始まり、当駅の区間は昭和40（1965）年に複線化工事が完了した。

現在の駅舎は新京成線の標準形ともいえる相対式２面２線ホームの橋上駅舎に、小規模な駅ビルの組み合わせとなっている。駅の周囲は住宅街になっているが、隣駅のくぬぎ山との間には陸上自衛隊松戸駐屯地があり、ここは昭和15（1940）年に、民間操縦士養成のために開設された逓信省中央航空機乗務員養成所「松戸飛行場」の跡地となっている。駅の近くにある「松飛台」の地名はその名残だ。

提供：松戸市立博物館

元山駅

基本的に駅の構造は現在と変わらない。この周辺は果樹園が多く、ナシ狩りやブドウ狩りが楽しめる。

撮影：矢崎康雄

五香～元山間

現在もカーブが続く区間だが、軍用鉄道時代はもっとSカーブが激しかった。左の建物は現在の松戸四中と思われる。

古地図探訪　元山駅付近

新京成線が大きくカーブした部分に元山駅が置かれている。この地図では、元山駅周辺には、鉄道連隊の線路は見えないが、県道57号線から東側の部分が結ばれて、現在の新京成線が開通したことになる。

駅の西側に広がる「保安隊松戸駐屯部隊」は、現在の陸上自衛隊松戸駐屯地である。元山駅の所在地は松戸市五香南であり、駅の少し南には鎌ヶ谷市との境目があり、「くぬぎ山」「初富」の地名となる。一方、駅の西側、陸自駐屯地付近に「五香六実」の地名が残っており、その西側は「松飛台」となっている。

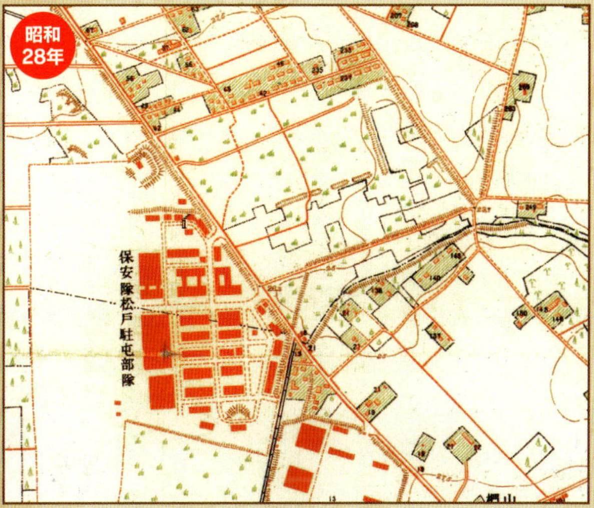

鉄道連隊（1）

新京成電鉄の路線は、その大部分が旧・帝国陸軍の鉄道連隊が建設した演習線の一部を転用したものだ。この鉄道連隊とはもともと戦地での鉄道建設や修理・運転に従事する一種の工兵部隊で、明治29（1896）年に鉄道大隊として創設され、日露戦争から太平洋戦争にかけて活躍した。明治40（1907）年からは本営が北総台地の津田沼に置かれ、第一・第二連隊が千葉、第三～二十連隊が満州など外地に置かれた。

本拠地のあった千葉県内でも各地に演習線が建設されたが、輸送需要のある場所を結ぶ鉄道ではなかったのでほとんど直線区間はなく、急カーブが連続する路線だった。

戦後になってこの演習線を民間に払い下げるにあたり、京成電鉄と西武鉄道が名乗りを上げ、京成電鉄が路線を獲得することになった。そして新京成電鉄として開業するにあたり、極端な曲線を何ヵ所も短絡させている。また上本郷から松戸までは新たに新線を建設して開業した。

演習線建設の休息風景

軽便鉄道の線路敷設作業

Kunugiyama St. / Kitahatsutomi St.

くぬぎ山《やま》・北《きた》初《はつ》富《とみ》

車両基地と新京成の本社を持つくぬぎ山
北総線との連絡線があった北初富

【くぬぎ山駅】

所在地	千葉県鎌ケ谷市 くぬぎ山5－1－6
ホーム	1面2線（地上駅（橋上駅））
乗降人数	7,174人
開業年	昭和30（1955）年4月21日
キロ程	9.6km（松戸起点）

【北初富駅】

所在地	千葉県鎌ケ谷市 北初富4－6
ホーム	2面2線（地上駅）
乗降人数	5,107人
開業年	昭和30（1955）年4月21日
キロ程	11.3km（松戸起点）

提供：鎌ケ谷市

▲くぬぎ山駅

島式ホームの末端から構内踏切で連絡する駅舎は、旅客専用の路線だったこともあり、コンパクトな私鉄駅らしい建物だった。この昭和46年当時は駅の周辺も広々としていた。

撮影：矢崎康雄

▲単線時代のくぬぎ山駅

電車線らしく嵩の高いホーム、砂利敷だが木製ベンチと屋根がまだ新しい。しかし走る電車は戦前生まれの老体ばかりだった。

撮影：矢崎康雄

◀くぬぎ山駅遠景

南側の踏切からくぬぎ山駅を見たところ。松戸行き電車が対向列車を待っていて、構内踏切も閉まっている。

撮影：山田虎雄

◀橋上化したくぬぎ山駅

駅舎を橋上化したころ。ほとんど現在と変わらない駅風景になっている。新京成線にも優先席が導入され、看板が掲示されている。

車窓風景に突然現れる自衛隊の大型ヘリコプター。くぬぎ山駅の北側には線路を挟んで陸上自衛隊松戸駐屯地があり、線路沿いに航空機も展示されている。広い敷地の自衛隊基地に比べ、駅周辺は民家が建て込んで、路地の奥に橋上駅の出入口がある。その西側出入口の前には新京成電鉄の本社ビルがあり、南隣の北初富駅との間には新京成電鉄唯一のくぬぎ山車両基地も置かれている。車両基地への電車出入庫はくぬぎ山駅から行われるため、当駅始発・終着の電車も見られる。

駅名となった「くぬぎ山」の地名は、かつて周辺が木炭の材料だった椚《くぬぎ》の植林地帯だったことに由来するという。路線図を見ると、カーブを繰り返す新京成電鉄のなかでも、このくぬぎ山から初富の間が最も屈曲する区間だ。しかし、そこに広大な敷地が必要な車庫が置かれているのも面白い。

北初富駅は習志野方向に走る新京成電車が、高架となった北総線をアンダークロスするところにある。ここも昭和30（1955）年、路線開通時に開業した駅で、民家のような駅舎があるだけののどかな駅だった。いまでも乗降人数は新京成線では最も少ない駅だ。現在、連続立体交差事業が進行中で、仮駅舎のすぐ隣にコンクリートの高架橋が姿を見せている。駅の南には江戸時代の軍馬生産施設として国の史跡になっている下総小金牧遺跡や貝柄山公園がある。

昭和29年

撮影:竹中泰彦

△2号機関車

延伸工事には、小湊鉄道から借り入れた2号機関車（大正13年、ボールドウィン製）が使用された。

昭和29年

撮影:竹中泰彦

△くぬぎ山付近の延伸工事

開業の約半年前となったこの付近にはレールも敷かれている。

古地図探訪　くぬぎ山・北初富駅付近

この時期は、「鎌ヶ谷村」であり、「粟野」「木刈橋」などの地名が見える。地図の上部には、複雑な経路を持つ国道464号線が通り、その北端に「椚山」の文字がある。ここが現在の「くぬぎ山」交差点で、この西側に現在、くぬぎ山消防署、くぬぎ山駅が置かれている。その北側には現・陸上自衛隊松戸駐屯地の一部が見える。

駅の西側には、鎌ヶ谷市立図書館西部分室があり、昭和52（1977）年、新京成電鉄本社が移転してきた。一方、「四辻」の地名が見える付近に、北初富駅が開業した。この駅の北側にある光円寺は、真宗大谷派の寺院である。

昭和30年

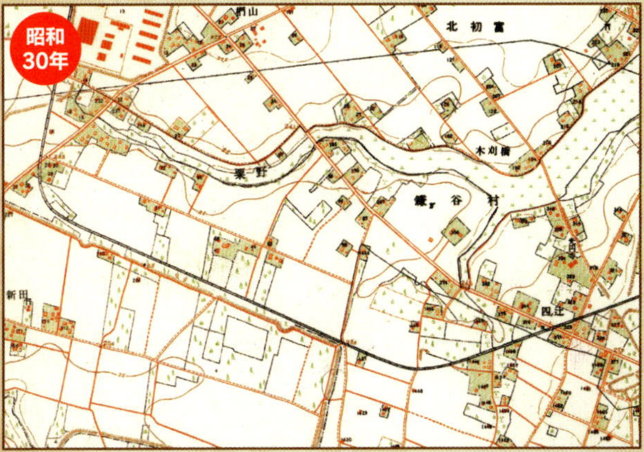

平成元年

撮影:荻原二郎

◁渡り線

新京成と現在の北総鉄道は、平成3年まで渡り線で結ばれていた。

▷松戸寄りから見た北初富駅

当時は1面1線のホームであった。

昭和46年

撮影:石本祐吉

昭和46年

提供:鎌ケ谷市

◁北初富駅全景

開業から15年がたち、駅周辺には商店も増えてきた。

撮影:石本祐吉

△工事中のくぬぎ山駅

昭和62年

撮影:石本祐吉

▷くぬぎ山の車両基地

Shinkamagaya St. / Hatsutomi St.

新《しん》鎌《かま》ヶ《が》谷《や》・初《はつ》富《とみ》

ここに駅ができて、街が誕生した新鎌ヶ谷
初富駅の前後は高架化工事が進行中

【新鎌ヶ谷駅】

所在地	千葉県鎌ヶ谷市 新鎌ヶ谷1－13－1
ホーム	1面2線(地上駅)
乗降人数	32,235人
開業年	平成4(1992)年7月8日
キロ程	12.1km(松戸起点)

【初富駅】

所在地	千葉県鎌ヶ谷市中央1－2－6
ホーム	2面2線(地上駅)
乗降人数	5,492人
開業年	昭和24(1949)年10月7日
キロ程	13.3km(松戸起点)

撮影：荻原二郎

◀鎌ヶ谷初富～鎌ヶ谷大仏間

開業して間もないころに撮影された新京成電車のカラー写真。当時はもちろん単線で、14m級木造電車のモハ45形が走ってきた。

撮影：岩堀春夫

◀新鎌ヶ谷駅ホーム

松戸方面からやってきた800形が間もなく当駅に到着。

▲新鎌ヶ谷駅

くぬぎ山～鎌ケ谷大仏間では、約3キロにわたって高架化する連続立体交差事業が行われており、将来的に北初富、新鎌ヶ谷、初富の3駅は高架駅となる。

ここに新京成線が延びてきた昭和30(1955)年当時は、前身の陸軍演習線のころと変わらない畑作地帯だったという。すでに大正時代に北総鉄道船橋線(現・東武野田線)が開業しており、新京成線がその上をオーバークロスする形で交差していた。

しかし、この両社はなぜか接続駅を設けず、長い時間が経過することとなる。大きな変化をもたらしたのは昭和54(1979)年の北総開発鉄道(現・北総鉄道)の一部開業だった。このとき、北総開発鉄道の電車が新京成線に乗り入れて松戸まで走っていた。やがて平成4(1992)年になって乗り入れを解消し、両線の接続駅として新鎌ヶ谷駅が誕生した。

現在、新京成電鉄は鎌ヶ谷地区の連続立体交差事業工事のため1面2線の仮ホームを横にずらして設置しており、駅の前後は雑然とした工事現場の風景が続いている。そのホームと地下道で連絡する改札口は北総鉄道と共用で、駅業務も北総鉄道に委託している。

初富駅は昭和24(1949)年に鎌ヶ谷初富駅として開業、のちに初富に改称した。ここも明治時代の下総台地開墾時につけられた地名で、まさに初めて入植が行われた場所として「初富」となった。現在、北初富駅から続く全長3,257mの連続立体交差(高架化)事業が進められている。

かつての初富駅

昭和29年当時、まさに原野を走る鉄道だった新京成線。鎌ヶ谷初富駅と呼ばれた駅で子どもたちが遊び、線路を歩く人も見える。当時はこの駅が終点だった。

東武野田線の踏切

初富十字路という交差点の風景。踏切で通過する電車を待つ車たち。まだ道路には停止線やセンターラインもなかったころだ。

初富駅

複線化された初富駅。ローカルムードが漂う私鉄駅の風景だ。駅舎は新京成の標準設計のもの。同型駅舎が数多く見られた。

北初富〜初富

京成電鉄から移籍した大正生まれの100形電車が、堂々4両編成で初富の平原を走る。「京成津田沼」と表示された折りたたみ式の行先板が懐かしい。

蒸気機関車の展示

鎌ケ谷市政記念公園に展示されている国鉄D51385。昭和48年に千葉鉄道管理局の協力で保存展示されることになった。新鎌ヶ谷駅から徒歩10分の距離だ。

古地図探訪　新鎌ヶ谷・初富駅付近

現在は鎌ケ谷市となっているが、まだ、鎌ヶ谷村だった時期の地図である。現在は東武野田線に加えて、新京成線、北総線が通る新鎌ヶ谷駅周辺だが、この時期は南北に走る野田線だけが見えるシンプルな地図になっている。道路についても、野田線の東側を南北に通る千葉県道8号は見えるものの、新鎌ヶ谷駅の北東、鎌ヶ谷消防署付近から東に一直線に走る国道464号（北千葉道路）は整備されていない。

一方、地図の左下（南東）を斜めに走る道路は、この国道464号の一部として整備されている。この国道464号が野田線と交差する付近の北に見える「鳥居」の地図記号は、初富稲荷神社である。

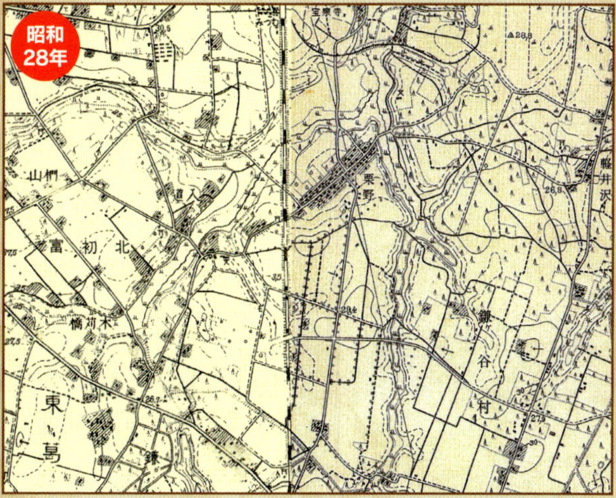

Kamagayadaibutsu St.

鎌《かま》ヶ《が》谷《や》大《だい》仏《ぶつ》

大仏様が名物の街道の駅
かつては人車鉄道も走っていた

所在地	千葉県鎌ケ谷市 鎌ヶ谷1－8－1
ホーム	1面2線(地上駅(橋上駅))
乗降人数	14,721人
開業年	昭和24(1949)年1月8日
キロ程	15.4㎞（松戸起点）

▼鎌ヶ谷大仏付近

まるで無人の野を行くような昭和29年の新京成線。赤土の耕作地が地平線まで続く。走るのは木造車体のモハ45形。当時の軌間は1372㎜だった。

撮影：竹中泰彦

提供：鎌ケ谷市

◀鎌ヶ谷大仏駅

島式ホームの末端に置かれた駅舎。改札口から上下線に挟まれた通路で踏切に向かう乗客たち。このころから新京成バスの営業所が隣接していた。

◀現在の鎌ヶ谷大仏付近

鎌ヶ谷大仏から二和向台方向に向かう8000系電車。この区間は鉄道連隊演習線跡ではなく、開業時新設路線なので直線区間となっている。

駅名にもなっている鎌ケ谷大仏とは、安政5（1776）年に建立された高さ1.8mの青銅製の仏像で、古くから鎌ケ谷宿のシンボルとして信仰を集めてきた。昭和24（1949）年に延伸してきた新京成電鉄もここに駅を設けるときに、大仏にあやかって駅名を鎌ヶ谷大仏とした。

一帯は江戸時代に銚子方面から魚介や野菜を江戸に運ぶ木下街道の宿場町で、かつて放牧場が広がっていたなかでも比較的古い家屋も残っている。もちろん現在は隙間なく住宅が連なる東京近郊のベッドタウンだが、島式ホームの東側に4階建ての駅ビルを持つターミナル風の駅舎を構えている。駅前にはバスターミナルもあり、船橋方面などのバスも発着する。駅名にもなった鎌ケ谷大仏は、駅前を横断する木《き》下《おろし》街道を少し北に歩くと、墓地の中に姿を現してくる。

ちなみに明治42（1909）年から大正6（1918）年までは、この大仏様の脇から中山を経て江戸川の河原まで、貨物や乗客を運ぶナローゲージの東葛人車鉄道が木下街道に沿って併用軌道で結んでいたという。

さて、カーブの多い新京成線のなかで当駅と初富駅の間約2.1kmは比較的まっすぐ線路が延びているが、この区間（二和向台～初富）は新京成電鉄開業時に陸軍演習線の曲線を直線に修正して開業した区間だ。

鎌ヶ谷大仏駅ホーム

ちょうど6両編成の長さに合わせてホーム上屋を備えている。そのデザインから「習志野狸」と親しまれ、新京成を代表する電車だった8000系も近年は数を減らしてきた。

現在の鎌ヶ谷大仏駅

昭和60年に橋上化された鎌ヶ谷大仏駅駅舎。駅ビルも同時に完成した。駅名にもなった鎌ヶ谷大仏は徒歩５分の距離。この踏切は東葛人車鉄道があった木下街道だ。

古地図探訪　鎌ヶ谷大仏・二和向台駅付近

この付近の新京成線は、北側の千葉県道57号線（千葉鎌ヶ谷松戸線）と並行するように走っている。新京成線が千葉県道59号線（木下街道）と交差する地点に置かれているのが鎌ヶ谷大仏駅であり、駅のすぐ北側には、駅名の由来となった鎌ケ谷大仏と鎌ケ谷八幡神社が存在する。

この鎌ヶ谷大仏駅を出て、しばらくすると船橋市内に入り、最初の駅が二和向台駅である。この二和向台駅の南にあるのが船橋市立三咲小学校で、明治11（1878）年に創立された古い歴史を持つ学校である。この学校は八栄尋常高等小学校などを経て、昭和22（1947）年に現在の校名となった。また、現在、その西側には船橋市立北図書館が誕生している。

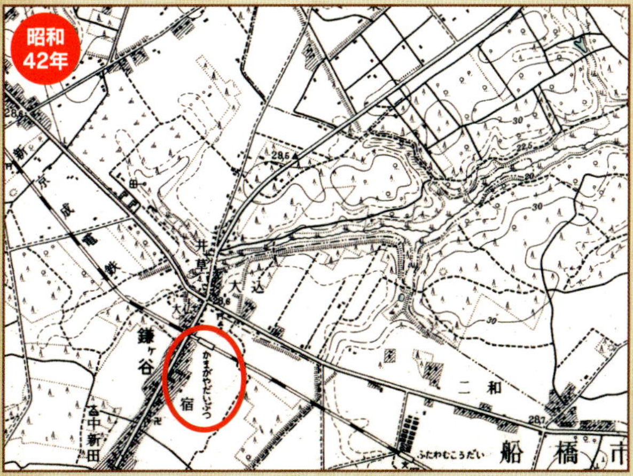

北総開発鉄道の乗り入れ

昭和41（1966）年、千葉県は県北西部に、当時首都圏で進行していた多摩ニュータウン・港北ニュータウンに匹敵する千葉ニュータウン構想を策定した。このとき、その動脈となる鉄道として、北総開発鉄道が京成電鉄の出資で誕生した。そして昭和54（1979）年、第１期として小室～北初富間が開業、まだ砂塵の舞っていたニュータウンに居住者を誘引するために、北初富から新京成線に乗り入れて松戸まで運転された。

このとき走った北総7000形は冷暖房完備のステンレス構造で、先頭車の前面窓下が傾斜した特異なデザインから「ゲンコツ電車」とも呼ばれていた。この乗り入れは平成３（1991）年の新鎌ヶ谷～京成高砂間開通にともなって終了。そして、新鎌ヶ谷信号所～北初富間にあった全長800mの連絡線はすでに撤去されている。

小室駅に停車している新京成の車両。

元山駅に停車している北総の車両。

Futawamukoudai St.

二《ふた》和《わ》向《むこう》台《だい》

所在地	千葉県船橋市二和東5－38－1
ホーム	2面2線(地上駅)
乗降人数	18,247人
開業年	昭和24(1949)年3月16日
キロ程	16.3㎞(松戸起点)

新京成線開通時からの駅から鉄道連隊演習線の廃線跡が延びる

提供:新京成電鉄

△駅ビルができた頃

新京成電鉄は各駅にコンパクトな駅ビルを作った。二和向台は15番目の駅ビル(現在は全線で29棟の駅ビルを保有)。改札ホールに自動券売機が並ぶ。

△現在の二和向台駅

この駅も昭和59年に橋上駅舎となり、翌年には駅出入口がある駅前ビルが完成した。左は駅のホーム、建物右手の路地が鉄道連隊演習線の廃線跡だ。

撮影:石本祐吉

▷二和向台駅ホーム

橋上化される以前の駅構内。松戸方面行きホームに駅舎があり、津田沼方面ホームの屋根は短かった。モハ224以下の5両編成が停車している

駅名の二和向台とは、明治時代に北総台地で開墾事業が行われた際に名づけられた開拓地名の「二和」に、もともとあった「向台」の字名をつなげたもの。この開墾事業は、明治の新政府が維新により失禄した下級武士や東京府下の窮民対策として、江戸時代に放牧場だった下総台地に入植させようとするものだった。しかし一帯の関東ローム層の赤土は農耕に適さず、明治5(1872)年には早くも頓挫してしまう。ちなみに地名のなかった北総台地には、入植順に「初富」から「十余三《とよみ》」まで開拓地名がつけられ、「二和」はその2番目を意味している。

その二和向台駅は昭和24(1949)年の滝不動～鎌ヶ谷大仏間開通時に開業、当時は単線で片側ホームにささやかな待合室だけの簡素な駅だった。現在の駅は相対式2面2線ホームの地上駅で、2番ホーム末端に3階建ての駅舎兼テナントビルを持っている。駅前は小規模な商店街になっていて、近くには船橋市立北図書館がある。

ちなみにこの二和向台と初富間の軍用軌道は大きく西にカーブしていたが、新京成線建設時にこの間を短絡するように軌道を移している。このため、いまも市街地には道路となった鉄道連隊演習線の軌道跡と、コンクリートの橋脚跡(アカシア児童遊園内)などを見ることができる。

◀二和向台駅のホーム

8800形の松戸行き電車がホームに差しかかる。

鉄道連隊に所属する機関車の多くが双頭式蒸気機関車であった。

鎌ヶ谷付近の橋梁を走る軍用列車。橋脚は木造であった。

「陸軍」の文字が読み取れる境界石が、現在でも沿線に散在している。

コンクリート製の巨大な橋梁跡が現在も４基残されている。

鉄道連隊（2）

北総・習志野台地に本拠地を置いていた陸軍鉄道連隊だが、戦前は訓練も兼ねて一般の鉄道建設も行っていた。やはりその場所は千葉県内に多く、現存するものだけでもアーバンパークラインの前身、千葉県営鉄道野田線や同じく千葉県営鉄道久留里線（現在のJR久留里線）のほか、小湊鉄道も鉄道連隊によって建設された。この場合、建設費は資材費だけでよく、事業者の評判も良かったという。

また、新京成電鉄のように転用されたもの以外にも津田沼～千葉間の習志野線（16.7㎞）、作草部～四街道間の下志津線（7㎞）などがあった。

戦後になって陸上自衛隊の中に鉄道部隊が発足し、昭和35（1960）年には津田沼の旧・鉄道連隊第二連隊跡に駐屯地を置いた。この陸上自衛隊第101建設隊は9600形蒸気機関車を保有し、昭和41（1966）年まで存続していた。

Misaki St. / Takifudou St.

三咲《みさき》・滝《たき》不《ふ》動《どう》

【三咲駅】

所在地	千葉県船橋市三咲2－2－1
ホーム	2面2線（地上駅（橋上駅））
乗降人数	12,607人
開業年	昭和24（1949）年1月8日
キロ程	17.1km（松戸起点）

【滝不動駅】

所在地	千葉県船橋市南三咲3－23－1
ホーム	2面2線（地上駅（橋上駅））
乗降人数	7,581人
開業年	昭和23（1948）年8月26日
キロ程	18.5km（松戸起点）

開拓時代の歴史が駅名になった三咲
信仰を集めた霊場の下車駅、滝不動

提供：新京成電鉄

△三咲駅

木造平屋の本屋に出札・改札スペースの屋根という、かつての新京成電鉄中間駅の標準的な駅舎形式だった三咲駅。このころはすでに自動券売機も登場していた。

△現在の三咲駅

いまもまわりに畑も見られるのどかな駅。ホームは長く、末端は踏切にかかっている。新しいイメージカラーのジェントルピンクに変わった8800系が停車する。

撮影：石本祐吉

◁三咲駅

単線だったころの三咲駅。京成津田沼行きの126形が停まり、右手には改札口が見える。駅前には畑が広がっていた。

△三咲駅前

三咲駅の橋上化改築は昭和62年のこと。その東口にはバス停や小さなロータリーも設置された。駅前には比較的規模が大きな食品スーパーも開店。

開業時から昭和30年代の中ごろまでの新京成の電車は、沿線で合図すると停車してくれたという。電車には乗降用の踏み台も用意され、さながら開拓地の殖民軌道のような鉄道だった。

三咲駅はまさにそうしたころの昭和24（1949）年に開業した。駅名に数字が入っていることからわかるように、明治時代に開墾が開始されたときの3番目の入植地として名づけられた。結局、この入植は失敗し、その一部は陸軍の演習場となるのだが、地名だけが残る結果となった。三咲駅開業時は、高根町から小室に抜ける街道沿いに民家が点在するだけのところだった。橋上駅になった三咲駅東口の駅前広場に面した道がその街道で、日中の通行量も多い。

滝不動駅は三咲駅よりも1年早い昭和23（1948）年に開業した。その違いは新京成電鉄が津田沼方面から順次開業してきたためで、滝不動は第2期、三咲は第3期の営業開始となっている。開業当初は土盛りのホームと簡素な小屋だけの駅だったといい、駅名となった滝不動は駅の西側約1kmにある御瀧山不動尊金蔵寺に由来する。うっそうとした森に覆われた境内には石垣で囲われた水行場や鹿園などがあり、毎年8月27・28日の「開山基」には大勢の参拝客が訪れる。

橋上化された駅舎のなか、改札前には美容室と総菜店がある新京成駅舎の標準スタイルをなす。駅前には道路が斜めに横断する踏切があって、周辺には農地も広がっている。

新旧の塗色

三咲駅ホームから、北側のカーブを走る新旧カラーの8800系電車。新京成では新カラーを「ももいろ」と表記している。カーブなのでカント（傾斜）がついている。

現在の滝不動駅

津田沼側の踏切から見た現在の滝不動駅、駅舎の橋上化改築は昭和63年に行われた。駅の周囲にロータリーや車寄せなどはない。

提供：新京成電鉄

滝不動駅

ホームの末端から地平に下りた場所に建っていた滝不動駅舎。商店のような構えの駅舎で、滝不動縁日のときは大勢の乗降客が詰めかける小さな観光駅だった。

御滝不動尊

滝不動駅の駅名の由来なったのが御瀧山金蔵寺で、通称「御滝不動尊」として信仰を集めてきた。創建は応永30（1423）年で、境内には船橋市を流れる海老川の源流といわれる水行場がある。滝不動駅から徒歩約10分。

古地図探訪　三咲・滝不動駅付近

このあたりの新京成線は、ゆるやかなにカーブしながら南に進む。船橋市は全国的に有名なナシの産地で、この二和三咲地区には現在も観光ナシ園が多く存在している。新京成線が千葉県道288号夏見小室線と交わる地点に三咲駅が置かれている。

また、滝不動駅の西、県道288号線沿いには「滝不動」が存在する。ここには御瀧山金蔵寺（御滝不動尊）があり、現在はその東側が御滝公園として整備されている。また、その南側に見える「文」の地図記号は、船橋市立御滝中学校で、昭和24（1949）年に開校している。その西側には、金杉台小学校、金杉台中学校も誕生している。

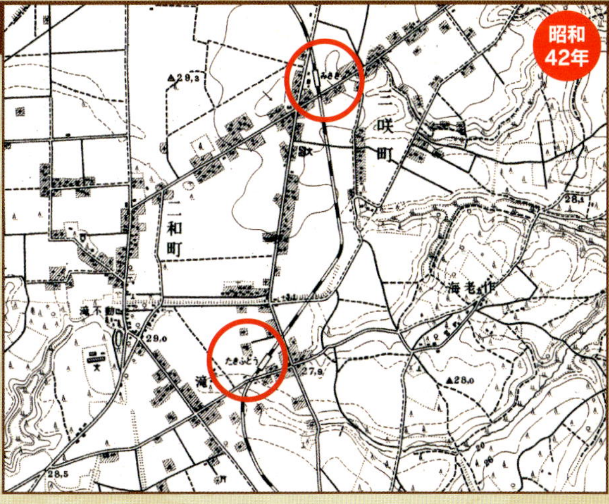

Takanekoudan St. / Takanekido St.

高《たか》根《ね》公《こう》団《だん》・高《たか》根《ね》木《き》戸《ど》

ニュータウンのために開業した高根公団
放牧馬を防ぐ木戸が駅名になった高根木戸

【高根公団駅】

所在地	千葉県船橋市高根台1－6－1
ホーム	1面2線(地上駅(橋上駅))
乗降人数	14,593人
開業年	昭和36(1961)年8月1日
キロ程	19.5km (松戸起点)

【高根木戸駅】

所在地	千葉県船橋市習志野台1－1－3
ホーム	1面2線(地上駅(橋上駅))
乗降人数	8,239人
開業年	昭和23(1948)年10月8日
キロ程	20.1km (松戸起点)

△高根公団駅

団地開発にともなって利用者も増えてきた高根公団駅。昭和51年には駅舎も橋上化して駅ビルを建設。当時は「サンプロムナード」という愛称だった。

△現在のホーム

高根公団駅は1面2線の島式ホーム。平成5年に新京成電鉄初のステンレスボディで登場した8900系が8両編成で進入する。

◁現在の高根公団駅

駅の正面口は北東方向に向いている。現在はUR都市機構となった高根台団地エリアは、駅前通りの先に広がっている。

◁地上ホーム

ホーム右手の建物が高根公団駅ビル。反対側にも出入口がある。

高根公団駅も農地や丘陵の宅地開発によって、昭和36(1961)年に誕生した駅だ。特に現在も駅の東側一帯に広がるUR都市機構高根台団地は、高根公団駅が開設された昭和36年から新京成沿線では最大規模の住宅群として日本住宅公団によって開発され、集合住宅が約300棟4,650戸のマンモス団地が出現した。起伏のある芝生に並ぶレトロモダンなテラスハウスやボックス型のポイントハウスは今の美しく建ち並び、団地マニアの間で有名な場所となっている。

さて、高根公団駅も開業時は島式ホーム1面2線で、ホーム末端に木造の駅舎と、改札口に面した踏切だけの駅だった。現在の駅舎は新京成沿線でよく見られる橋上駅と、駅の正面口に建てられた小規模な駅ビルの組み合わせとなっていて、高根公団駅ビル「サンプロムナード」には各種商店が開店している。北口駅前ロータリーにはシンボルのようなケヤキの大木が茂り、植栽後半世紀を経たケヤキ並木が高根台団地に続いている。

これと対照的なのが高根木戸駅だ。昭和23(1948)年の薬園台～滝不動間の第2期開業時に誕生した駅で、当初は開拓地に建つ片面ホームの簡素な駅だった。駅名となった高根木戸とは、耕作地を放牧馬の被害から守る野馬土手に設けられた木戸のことで、江戸時代の放牧場名残の地名となっている。現在の駅は市街地の橋上駅で、イオン高根木戸店が隣接している。

撮影：船橋市

◀単線時代のホーム

高根木戸駅も、ほとんど江戸の頃と変わらない原野にあった。少し離れたところに駅舎があり枕木の柵が並ぶ。そして、地の果てまで単線線路が伸びていた。

▼高根公団～滝不動

北総台地を走る京成電鉄からの移籍車100形。前3両は京成時代のブルーに緑の「青電」で、後ろ2両が新京成赤白塗色の混成だ。

撮影：石本祐吉

▲高根木戸駅

昭和59年に橋上駅舎となった高根木戸駅。それ以前はホーム末端に改札口を置いていた。隣のイオン高根木戸店は昭和54年に「ジャスコ」として開店した。

古地図探訪　高根公団・高根木戸駅付近

昭和24（1949）年の高根木戸駅、高根公団駅付近の地図であり、前年に開業した高根木戸駅は見ることができるが、昭和36（1961）年開業の高根公団駅は存在しない。地図上では、左下（南西）の「高根木戸」（現・高根台七丁目）から北東へ、放射状に延びる3本の道路が特徴的である。

新京成線の北西側にはこのあと、高根台団地、高根台分譲住宅が造成され、高根木戸駅の北東に船橋市立高根台中学校、高根台第二小学校が開校している。また、高根公団駅付近には、高根台第三小学校が誕生しており、高根台第一小学校はこの学校に統合され、現在は存在しない。

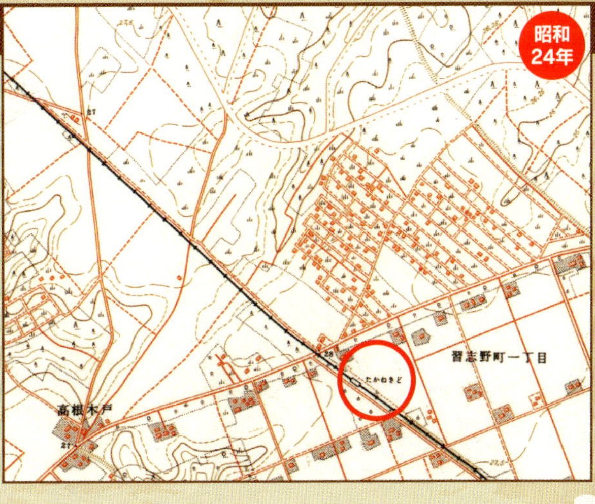

Kitanarashino St.

北《きた》習《なら》志《し》野《の》

所在地	千葉県船橋市習志野台3－1－1
ホーム	1面2線(地上駅(橋上駅))
乗降人数	44,956人
開業年	昭和41(1966)年4月11日
キロ程	21.0km(松戸起点)

大規模団地の開発とともに開設
いまでは都心への新ルートとして発展

撮影：荻原二郎

かつての北習志野駅

昭和41年に新規開業した北習志野駅は、新京成線では初めての橋上駅でもあった。大きな階段が両側に設けられている。この駅舎は平成21年の新駅舎竣工まで使われた。

撮影：荻原二郎

800形電車が停車

夏の日、新京成初のカルダン駆動車として登場した京成津田沼行き800形電車が北習志野駅に停車する。奥にはまだ新しい習志野台団地も見える。

撮影：矢崎康雄

新塗色の800形

このころ登場した8000形のカラーリングに合わせて、800形も塗り替えられた。8両の堂々たる編成で走っていく。遠くに高根木戸駅前のジャスコが見える。

いまでは東葉高速鉄道との接続駅として、1日4万人以上もの乗降がある北習志野駅だが、その開業は昭和41(1966)年になってからだった。

もともとこの周辺の習志野原は江戸時代に幕府の牧場があった広大な平地で、明治時代には陸軍の演習場となり、日露戦争のころはロシア軍の要塞を模した陣地もつくられていた。戦後は満州からの引き揚げ者や退役軍人たちが開拓地として入植し、小麦や馬鈴薯などの畑作を中心に大地を開墾していた。かつて昭和20年代に、習志野原を走った新京成電鉄は開墾地に現れた開拓鉄道の趣だったという。北習志野駅は、そんな開墾地が高度成長期に食料供給の地域から工場・住宅街へと変貌してきた昭和41(1966)年に開業した。駅舎建設時は広大な農地に忽然と現れた橋上駅舎だったが、やがて戸数2,800戸の北習志野団地などの大規模開発で農地はほぼ完全に住宅街へと変貌した。

平成8(1996)年には東京メトロ東西線に直通する東葉高速鉄道も地下駅として開設され、新京成線から都心への新しい通勤ルートも完成した。このため利用客も激増し、新京成線の駅舎は平成21(2009)年に全面改築され、地上ホームの上に商業ビル「エキタきたなら」があるモダンな橋上駅が完成した。ペデストリアンデッキが駅前ロータリーを取り囲む駅前に、かつての開拓地の面影はない。

北習志野駅通り

造成中の様子。習志野台団地は写真の右側付近に建設された。この通りの地下に現在、東葉高速鉄道が走っている。

複線化工事

北習志野駅の南、カーブ区間での複線化工事の様子。トロッコを使って架線を取り付けている。複線化は昭和43年5月に完成、周囲はまだ農地が広がっていた。

古地図探訪　北習志野駅付近

　地図上には北習志野駅は見えないが、昭和41（1966）年に新京成線の駅が誕生し、平成８（1996）年に東葉高速鉄道の駅も開業した。現在は、北習志野駅周辺に船橋西習志野郵便局、船橋市東消防署などが誕生している。

　また、東葉高速鉄道が地下を通る、駅から東に延びる道路沿いには、船橋市立習志野台第一小学校、船橋東郵便局などが存在する。この道路の南側には、北習志野近隣公園が開園し、付近に住む人々の憩いの場となっている。また、駅の西側には、昭和43（1968）年に船橋市立高郷小学校が開校している。

現在の北習志野駅

平成８年に東葉高速鉄道が接続し、新京成線から都心への乗り換え駅となった。これに合わせて新駅舎やペディストリアンデッキも整備され、外観も一新された。

新京成、懐かしい１枚

京成千葉付近の「九十九里号」松戸行き。左端は房総東線（現・外房線）の客車列車。

現在の駅前

駅の正面口は東口となっている。このロータリーから、各方面へのバスが発着する地域の交通の要衝にもなっている。右には習志野台団地が見える。

Narashino St. / Yakuendai St.

習《なら》志《し》野《の》・薬《やく》園《えん》台《だい》

平原だった沿線、都市化した町には自衛隊の演習場も隣接

【習志野駅】

所在地	千葉県船橋市習志野台４－１－９
ホーム	２面２線(地上駅)
乗降人数	13,121人
開業年	昭和23(1948)年10月８日
キロ程	21.7㎞（松戸起点）

【薬園台駅】

所在地	千葉県船橋市薬円台６－１－１
ホーム	１面２線(地上駅(橋上駅))
乗降人数	14,686人
開業年	昭和22(1947)年12月27日
キロ程	22.5㎞（松戸起点）

撮影：荻原二郎

◀薬園台駅の旧駅舎

昭和22年の開業時は終着駅だった薬園台駅は、木造モルタル造りの洋館風だった。手書きの看板や、高々と突き出したエントツが愛らしい。

▲習志野駅外観

いまでも出入口は南側の１ヵ所のみ。新京成沿線でも歴史ある駅だが、周囲に建物が密集して駅前広場はない。

▲現在の薬園台駅

駅の玄関は、平成12年に完成したホーム西側に建つ薬園台駅ビルとなっている。また東口には駐輪・駐車場がある。

提供：船橋市

▲習志野駅前西方向

この通りの左側には旧東部軍管区教育隊弾薬庫の土手の一部が残っていた。現在土手は撤去され社会福祉会館が建てられた。

習志野は昭和23（1948）年の第２期開通時（薬園台～滝不動）に開業。当初は習志野台の平原に簡素な駅舎があるだけの駅だったが、ここも都市化が進んで、現在は駅舎を取り囲むように民家が建て込んでいる。カーブ区間に設けられた２面２線ホームから跨線橋で連絡する駅舎は平地にあって、早朝夜間は無人になる。

いまでは習志野市まである「習志野」という地名だが、習志野駅は船橋市内にある。この習志野一帯には明治時代から陸軍の演習場が設けられ、新京成線の前身となった陸軍鉄道連隊もその一環としてここに本拠地を置いた。現在でも駅の東方には広大な陸上自衛隊習志野演習場がある。

昭和22（1947）年、新京成電鉄最初の電車が走り始めたのは新津田沼駅とこの薬園台駅の区間だった。当初の駅舎は洋館風で、のちに延伸してからも列車交換駅としてタブレットの受け渡しが行われていた。その当時は周辺に水田が広がるのどかな駅だったが、昭和50年代から戸建て住宅の開発が進み人口も急増、駅舎もホーム末端に改築された。

現在の駅舎は平成12（2000）年に、松戸寄りに50mほど移転して改築されたもので、３階建ての駅ビルを持つ橋上駅になっている。薬園台とは江戸時代に小石川御薬園の薬草園があったことに由来し、近隣の「薬円台公園」にはD51形蒸気機関車や船橋市郷土資料館もある。

かつての薬園台駅

薬園台駅は現在地よりも北側にあって、踏切に接して改札口を構えていた。構内踏切には遮断機もなかった。電車は木造から鋼製ボディに改造されたモハ45形+モハ46形。

薬園台の126形

複線化された頃の薬園台駅、満員の客を乗せた松戸行き126形が停車している。

滝台橋梁の工事

複線化と同時に架橋工事も進んでいた。半世紀前のコンクリートの流し込み方が興味深い。架線はすでに複線の幅となっている。

工事中の薬園台

駅舎改築のため線路の間に島式ホームを準備しているところ。その横を角型ライトの8800系が通過する。遠方には旧・薬園台駅の相対式ホームが見える。

工事中の薬園台

ホームや橋上駅舎が姿を見せ始めていたころの薬園台駅。旧駅の松戸方面ホームにも改札口があった。

D51の展示

薬円台公園に静態保存されているD51。隣接する船橋郷土資料館の開館日には運転席も公開している。

古地図探訪　習志野・薬園台駅付近

地図の左下（南西）から右上（北東）へ斜めに走る新京成線には、習志野、薬園台の2つの駅が置かれている。その南側には、佐倉街道の記載がある国道296号が横切るが、この国道は通称、成田街道としても知られる。駅の東側には、薬園台町一、二丁目の住居表示が見えるが、現在は薬円台一～六丁目に変わり、千葉県立薬園台高校、船橋市立薬円台小学校、薬円台公園が存在するなど、「薬園台」「薬円台」の地名が混在している。

また、薬園台駅の北西には、滝台八幡神社、倶利伽羅不動尊などが存在する。習志野駅の西、「七林町」の南側に見える「鳥居」の地図記号は金比羅神社で、現在はその北に船橋市立七林小学校が存在する。

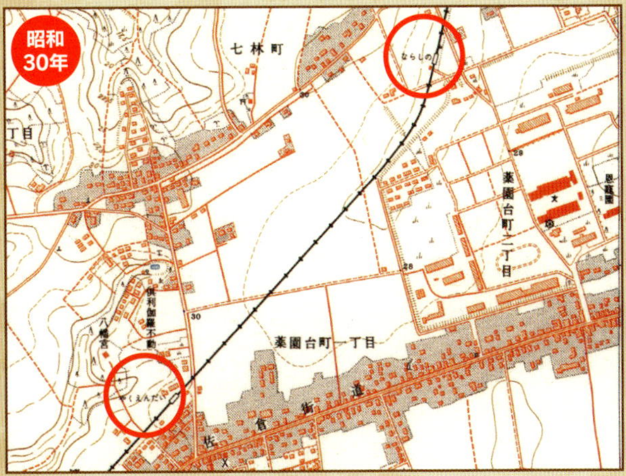

Maebara St.

前原《まえばら》

いろいろあった住宅街の駅 一時は支線の分岐駅だったことも

所在地	千葉県船橋市前原西7－17－21
ホーム	2面2線(地上駅)
乗降人数	7,887人
開業年	昭和23(1948)年12月13日
キロ程	23.9km(松戸起点)

撮影:石本祐吉

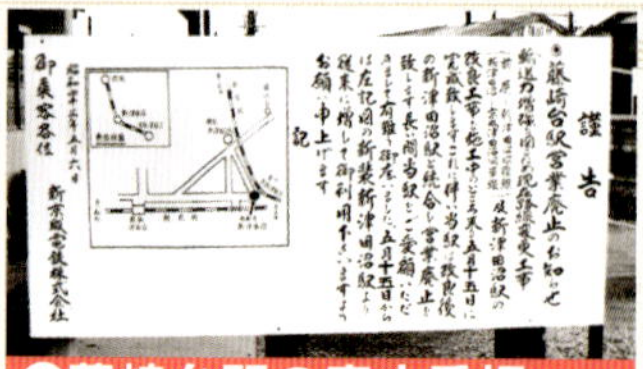

▲藤崎台駅の廃止看板

新津田沼から京成津田沼までの路線開通にともない、藤崎台駅駅の廃止を告げる看板。藤崎台駅としてはわずか7年間の営業だった。

◀かつての前原駅構内

一時期、京成津田沼行きと新津田沼行きが分岐していた前原駅。写真の車両はモハ308の三咲行き。いまでは、この踏切は大通りに変貌した。

撮影:荻原二郎

▲前原駅

跨線橋が設けられる前の駅舎。写真の左側にホームがあり、この年まで京成津田沼行き、新津田沼行き及び松戸方面行きの3方向に電車が運行されていた。

◀応援列車

前原駅に入ってきた8800形は千葉ロッテのラッピング車。野田線が沿線に日本ハムファイターズのファームを持つだけに、両電鉄のパ・リーグ対決も面白い。

昭和22(1947)年に新京成線で最初に開業した新津田沼～薬園台にありながら、この前原駅の開業は昭和23(1948)年になってからだった。当時、国鉄津田沼駅に近い初代新津田沼駅を終点としていた新京成電鉄だったが、東京方面への客を親会社の京成本線に誘導すべく、京成津田沼駅に接続させる方針をとった。このため前原駅を新設し、京成津田沼駅まで新線を建設して2代目新津田沼駅をその短絡線上に移転したのだ。

ところが昭和36(1961)年になって、一度は廃止した初代新津田沼駅近くに3代目新津田沼駅を移転し、そこまでの路線も復活。一時は前原駅から京成津田沼行きと新津田沼行きの2つの路線が分かれる分岐駅になっていた。結局、昭和43(1968)年に新線区間は廃止され、前原駅は中間駅として存続することとなる。

現在の前原駅は成田街道に近い住宅街にあって、対向式2面2線のホームと、それぞれのホーム末端に改札口を構えている。橋上駅が多い新京成線にあって、これは珍しいタイプといえるだろう。このうち松戸方面行きの西口がもともとの駅舎で、東口は規模も小さい。昭和20年代の地形図をみると、前原駅周囲の低地には水田が見られたが、線路はこの付近から徐々に標高25～30mの下総台地へと上っていく。

昭和43年

藤崎台駅

昭和36年にそれまでの新津田沼駅から藤崎台へと改称した。この頃は看板ではなく、駅舎の軒に直接駅名が書き込まれていた。

昭和43年

藤崎台駅のホーム

藤崎台駅には島式ホームが1本あるだけだった。線路は単線で、写真のように上り下りの列車交換も行われていた。

廃線跡

前原～藤崎台～京成津田沼の路線が廃止されたのは昭和43年のこと。現在は住宅街の中に鉄道のラインが道路となって続いている。

藤崎台バス停

藤崎台の名前は京成バスの停留所名として残っている。ただし実際の藤崎台駅の場所はバス停とは異なり、道路と住宅になっている。

藤崎台

陸軍鉄道連隊の演習線を活用して開業した新京成線だが、その両端の松戸駅と京成津田沼駅までの接続は新線を設けなければならなかった。当初は国鉄総武本線への乗り換え客のために新津田沼を終着駅としていたが、のちに親会社でもある京成本線に接続させるため昭和28（1953）年、前原駅から京成津田沼までショートカット線を建設する。その結果、国鉄への乗り換えは新線に移転した新津田沼駅を使うこととなり、以前よりも不便になってしまった。結局、昭和36（1961）年に旧路線を復活させて新津田沼駅を再移転し、新線の駅は藤崎台と改称した。さらに昭和43（1968）年にはショートカット線を廃止し、旧線を延長する形で京成津田沼駅に接続した。その結果、新津田沼～藤崎台と変わったこの駅は14年間で廃止となった。現在、三角屋根の駅舎だったこの駅の場所は、住宅地に変わっている。

古地図探訪　前原駅付近

新津田沼駅からゆるやかなカーブを描きながら北上してきた新京成線は、この付近からほぼ一直線で北東に向かうことになる。また、前原駅の手前で、国道296号（成田街道）と交差し、その後はほぼ並行して進む。この交差地点付近にあるのが国際製粉工場で、跡地はマンションなどに変わっている。

前原駅の北東、国道の南東には船橋市立二宮小学校の「文」の地図記号が見える。この学校は明治5（1872）年に開校した古い歴史を持つ。また、その南東に存在する御嶽神社は、江戸時代の延宝元（1673）年の創建で「蔵王権現」ともいわれ、長い参道は時代劇映画のロケ現場としても使用されてきた。

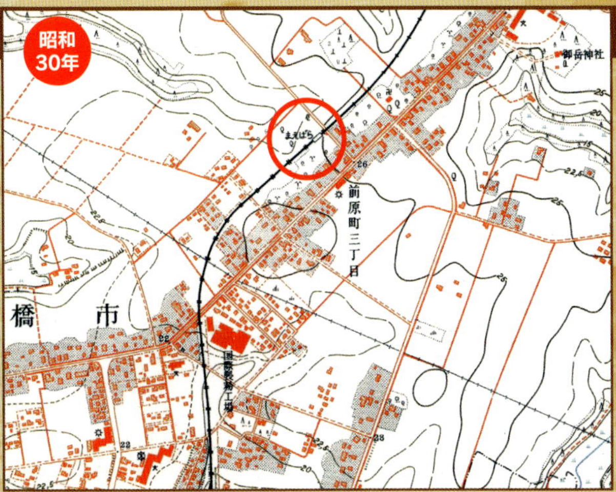

Shintsudanuma St.

新《しん》津《つ》田《だ》沼《ぬま》

所在地	千葉県習志野市津田沼1－10－35
ホーム	2面2線(地上駅(橋上駅))
乗降人数	72,698人
開業年	昭和22(1947)年12月27日
キロ程	25.3km(松戸起点)

何度も変転した駅の位置 いまもJRへの乗り換え客は多い

▲廃止直前の新津田沼駅

廃線を復活させ2度の移転で設置された3代目新津田沼駅。場所は初代駅より200mほど東側。砂利も積み上がり、京成津田沼駅への延長工事も進められてこの年に現在の4代目新津田沼駅の場所に移転した。

▲新津田沼

構内に停まる45号。

◀初代新津田沼駅構内

初代の新津田沼駅。新しいルートに2代目ができたことで廃止された当時の光景。ホームの上屋などが撤去されている。

▲初代新津田沼駅と電車

国鉄総武本線との連絡駅として重要だった初代新津田沼駅。石積みのホームで発車を待つ新京成45形。窓枠の十字からキリスト電車と呼ばれていた。

昭和22(1947)年の暮れも押し詰まった12月27日、新京成電鉄として初めて新津田沼駅～薬園台駅の区間が開業した。しかし、新津田沼駅はその後、数奇な運命をたどることになる。

もともと陸軍鉄道第二連隊の演習線を転用した新京成線は、国鉄津田沼駅北口から約200mのところに新津田沼駅を置いた。昭和28(1953)年に大きくカーブしていた京成津田沼駅の区間の一部をショートカットして京成津田沼駅に直結。この際、カーブ区間にあった新津田沼駅を直線区間に移転して2代目新津田沼駅とした。その結果、2代目駅は国鉄津田沼駅から約500mと離れてしまった。

やがて昭和30年代、沿線に大規模団地が建設されると国鉄線への乗り換え需要が高まり、昭和36(1961)年には当初のカーブ区間を復活させて初代駅の位置に新津田沼駅を再移転する。その結果、新京成電鉄は新津田沼行きと京成津田沼行きの2線が前原駅から分岐することとなった。このような経緯ののち、昭和43(1968)年にショートカット区間を廃して現在の場所に再々移転したのだ。つまり、現在の新津田沼駅は3代目ということになる。立地は京成電鉄車両工場跡に完成したイオンモール津田沼店と、イトーヨーカドー津田沼店に挟まれた空間に相対式2面2線ホームを持つ橋上駅で、JR津田沼駅からは300mほどの距離だ。

4代目新津田沼駅舎

ルートを１本にすべく開業した４代目の新津田沼駅。これにより現在の位置となった。もちろんイオンもイトーヨーカドーもない時代である。

国鉄津田沼駅北口

昭和52年、津田沼駅北口にパルコが開業した。

3代目新津田沼駅

この３代目新津田沼駅は曲線上にホームがあった。停車するのは新京成創業時からの名物電車モハ45形。このころの軌間は1435㎜に改軌されていた。

3代目新津田沼駅２

相対式ホームで、需要の多い松戸行きホームには屋根がかけられていた。この当時の京成津田沼～松戸の所要時間は45分ほど、全線乗って90円だった。

古地図探訪

新津田沼駅付近

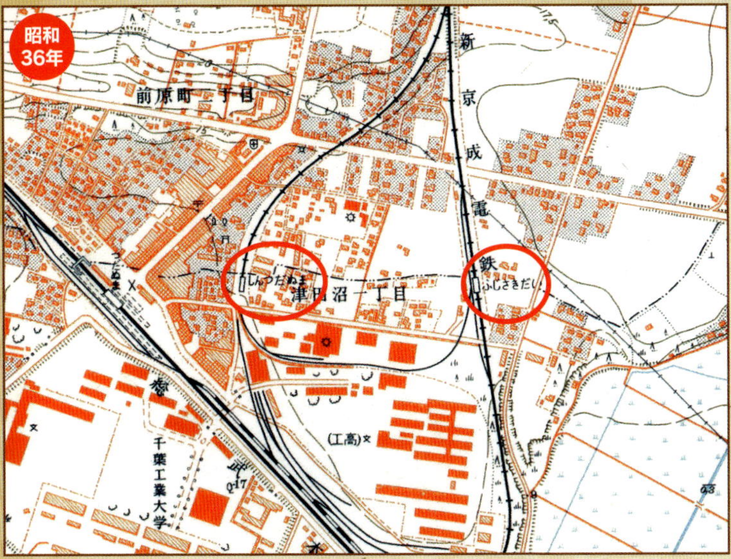

地図の下方にある京成線上の京成津田沼駅を発した新京成線は、逆Ｓ字カーブを描いて国鉄総武本線の線路を跨ぎ、藤崎台駅に至る。この藤崎台駅からは、ループ線を描くように線路が延び、引き込み線が新津田沼駅に至っていた。

昭和43（1968）年、新京成線のルートが変更されるともに新津田沼駅の移転が行われ、旧ルート上にあった藤崎台駅は廃止された。新京成線と国鉄線に挟まれた場所に存在した、千葉県立千葉工業高校は昭和42（1967）年に蘇我に移転している。また、総武本線の南側、津田沼駅付近にある千葉工業大学は昭和25（1950）年、鉄道第二連隊の跡地を取得し、津田沼キャンパスを設けている。

総武本線との交差

新津田沼～京成津田沼間ではJR総武本線を越える。この区間は京成の引き込み線を利用したもので、昭和62年に新京成に譲渡された。現在も新京成線唯一の単線区間となっている。

撮影：矢崎康雄

撮影：石本祐吉

◀新津田沼地下通路

当時は乗換え用の地下通路があったが、その後、埋められた。

▶鉄道連隊の機関車

習志野市の津田沼一丁目公園に保存されている鉄道連隊K２形機関車、５軸10輪の強力な機関車だ。

▲イオン津田沼

陸軍鉄道連隊の跡地に建てらてたイオン津田沼店、隣のイトーヨーカドーとの間に新津田沼駅がある。

撮影：石本祐吉

▲２代目新津田沼

昭和28年に前原～京成津田沼の短絡線を建設した時、その中間に新津田沼駅を移転した。しかし、国鉄の津田沼駅には遠くなり、乗り換え客には不評だった。昭和36年に藤崎台に改称。

平成14年

新津田沼駅の俯瞰

写真左側の空き地は現在、イオン等の商業施設になっている。

昭和51年

撮影：石本祐吉

新津田沼駅の俯瞰

駅左側の線路は、当時まだ残されていた車両工場等への引き込み線。

昭和37年

撮影：矢崎康雄

藤崎台駅のクハ302

藤崎台駅で停車中の半鋼製300形電車、ドアの配置が左右で異なる電車でもあった。今まさに京成津田沼駅まで発車するところ。

昭和36年

撮影：矢崎康雄

藤崎台駅の構内踏切

藤崎台駅に進入する松戸行きモハ300、右手には新津田沼駅方面への引き込み線が伸びる。構内踏切は「電車注意」の看板だけ。

keiseitsudanuma St.

京《けい》成《せい》津《つ》田《だ》沼《ぬま》

所在地	千葉県習志野市津田沼3－1－1
ホーム	3面6線（地上駅（橋上駅））
乗降人数	43,346人
開業年	昭和28（1953）年11月1日
キロ程	26.5km（松戸起点）

京成グループ各線の結束点
急カーブ連続の路線はここから始まる

京成津田沼駅

新京成電鉄は京成津田沼駅の5番線を専用ホームとして使っていた。別会社とはいえ構内改札はなく、乗り換えはスムーズである。

京成津田沼駅

京成千葉線と兼用の4番線に停車するモハ45形。背景は京成電鉄の車両工場の建物。編成の長い京成本線の電車に比べて、電車も古く編成も短かった。

三咲行き電車

木造ダブルルーフの古典的車両だったモハ39形も、新京成電鉄創業期を支えた電車だった。ホームの屋根も木造から古レールの鉄製に変わっている。

新京成電鉄の南の起点が京成本線と接続する京成津田沼駅だ。ホームは駅構内の北側に位置する5・6番線に発着し、5番線を介して一部の列車は京成千葉線に乗り入れている。

京成電鉄と新京成電鉄は別会社ではあるものの、中間改札口などはなく、利用者から見れば新京成線も京成線と一体化されている印象だ。駅は京成電気軌道の駅として大正10（1921）年に開業、新京成電鉄がこの駅に接続したのは昭和28（1957）年になってからだった。

すでに昭和22（1947）年に新津田沼～薬園台で開業していた新京成線だったが、多くの乗り換え客が見込める国鉄津田沼駅ではなく京成津田沼駅に接続したのは、親会社でもある京成電鉄の経営判断だったと言われている。

この新津田沼～京成津田沼間は、かつて新津田沼駅付近あった京成電鉄第二工場への引き込み線を転用したもので、現在でも新京成線唯一の単線区間になっている。

ともあれ当初は京成線のホームを使っていた新京成の電車だったが、昭和32（1957）年に5番線ホームを新設して発着するようになった。ちなみに平成18（2006）年から京成千葉線への乗り入れが復活した新京成電車は千葉中央駅で折り返し、その先の千原線には乗り入れていない。また京成電鉄の車両の新京成線乗り入れは行われておらず、片乗り入れ方式である。

新京成・京成を含めて大きなターミナルでもある京成津田沼駅だが、駅周辺は発展著しいJR津田沼駅・新京成新津田沼周辺からみれば旧市街に属し、個人商店が多い下町の風情も漂っている。

◀新津田沼駅へ向かう 鎌ケ谷初富行き

昭和28年に京成津田沼～新津田沼（2代目）が開業。ここは京成電鉄の引き込み線を利用していた。奥に京成本線が見える。

▲駅名看板

前原～新津田沼（3代目）間が盲腸線として走っていた時期は、京成津田沼から新京成線で最初の駅は藤崎台だった。

▲ホームにて

昭和28年に新京成が京成津田沼に乗り入れたときは専用ホームを持たず、3番線に発着していた。発車を待って、子どもが顔を出している。

▲新津田沼駅

右は鎌谷大仏行きの電車。左は京成電鉄の大和田行き。

◀改札口

ここでは新京成独自の改札口はなく、京成電鉄が両社の改札業務を行っていた。写真は駅の東側にあった改札口。

▶現在の駅舎

駅ビル経由の玄関になっている京成津田沼駅、隣には習志野市役所のビルがある。看板に新京成電鉄の文字はない。

▲京成津田沼駅

モハ130による単行運転。京成津田沼～前原間を折り返した。

▲京成本線と並ぶ

ステンレス車が主力になった京成電鉄に比べ、新塗装になった新京成の車両は目立つ。左から新京成8900形、京成3700形、京成新3000形。

新京成の車両図鑑

文・写真とも石本祐吉

藤崎台駅に進入する41＋45の２両編成松戸行き。

モハ39形・45形

創業時代の新京成は、親会社の京成で第二次大戦を生き延びた４両の小型木造電車の奮闘に委ねられた。モハ39形41と、モハ45形の45・47・48である。当初はくすんだ緑色だったが、京成津田沼へ乗り入れるころからクリームとマルーンの塗り分けとなり、扉も自動化された。４両体制は約６年間続いた。

薬園台付近をのんびり走るモハ304の松戸行き。

モハ300形

昭和13（1938）年当時の京成の小型木造車を鋼体化して生まれた２扉車なので、大きさや機器類は45形と同じである。1955（昭和30）年の松戸までの全線開通を機に、全８両が揃って新京成入りした。京成特有の左右非対称の扉配置だが、ホームが左右頻繁に変わる新京成では車掌が車内を移動するのとタブレット交換が大変なので、運転室の横を仕切って車掌室とする改造を行っている。

藤崎台に進入するモハ307＋308の２両編成鎌ヶ谷大仏行き。

更新モハ45形・300形

昭和38（1963）年の木造車４両を皮切りに、300形を含めた小型車全12両が２両ユニットの鋼製３扉車に更新された。307は試作の意味もあってアルミ構体が採用されているが、塗装されているので外観は変わらない。このグループから上半分がピンク、腰回りがマルーンという新塗色が生まれ、長く続いた。

薬園台を発車したモハ130の松戸行き。

モハ126形

戦前の京成にはDK形、GE形の２種類の制御器が採用されており、後者は少数派であったため何かにつけて不便であった。新京成への車両の供給は、これらを一挙に整理する絶好の機会である。該当する126形モハ５両とクハ２両、モハ1100形６両が昭和34（1959）年から昭和37（1962）年にかけて相次いで新京成入りした。

モハ113を先頭車とする京成津田沼行き４両編成。

モハ100形

100形は京成が成田開通の際に準備した大正15（1926）年製の電車で合計25両もあり、戦後の京成にとっても一大勢力であった。しかし、正面５枚窓・１段下降窓・２段天井など木造時代を思わせるスタイルで陳腐化も進んでいたため、戦災車を手始めに後輩の200形に準じたスタイルに更新工事が始められていた。新京成の乗客急増によりこのグループも転出することになったのである。車長は16mのままだが、面目を一新した100形全数が昭和42（1967）年までに新京成入りし、新京成では再度の更新で片側運転台化、あるいは中間電動車化されて長編成を組んだ。

実質サハのクハ2005。

クハ2000形

戦災で焼けた17m国電の応急復旧車で、京成には合計18両あったが、埋め込みベンチレータの全金属車に更新され，京成では同じスタイルの100形とMTMを組んでいることが多かった。廃車された２両を除く大半が昭和53（1978）年までに新京成入りし、主にサハとして使用された。

昭和45年

セミ新車250系4両編成松戸行き。

モハ250形、サハ550形

創業以来、京成の中古車専門に車両を増備してきた新京成だが、乗客増に京成からの車両供給が間に合わない事態が出現し、昭和45（1970）年、東急車両に初めて新車を発注した。250系MTTMの４両編成である。ただし、パンタグラフや床下機器、台車などは京成の発生品を流用したうえ、車体も京成で行っている更新車とほとんど同じだったから，残念ながら見た目にはさほどのインパクトはなかった。なお、その後入線した1500系４両がTMMTという逆のスタイルで更新され、250系の仲間入りをした。

昭和62年

片側運転台化された100形モハ124。

再更新100形

更新済みで新京成入りした100形はその後、連結両数の増加などにより片側運転台撤去、あるいは中間電動車化が行われた。雨樋撤去などの再更新を受けて、昭和62（1987）年まで活躍した。

昭和48年

804を先頭とする6両編成松戸行き。

モハ800形

昭和46年に登場したモハ800形、サハ850形のMTTM ４両編成こそ、正真正銘の新車である。外観は京成の3100形に似ているが、新京成と三菱電機との結びつきから駆動方式はWNで、これは現在のN800系まで同じである。のちにMT２両編成も増備されて合計36両の大勢力となり、４両から６両編成を組んで平成22（2010）年まで活躍した。

平成2年

最後に新京成入りしたグループのモハ204以下８両編成の「さよなら電車」。

その他の吊り掛け車

前記のほか、モハ200形・220形・500形・600形・700形、クハ20形・500形・2100形（２両のみ）の吊り掛け車各形式計32両は京成で廃車されたものを除き、ことごとく新京成入りした。吊り掛け車の受け入れは800系新製後の昭和53（1978）年まで続いたのである。そしてモハは原則として片側運転台、張り上げ屋根の京成モハ600に始まる形状の更新車体に、クハは運転台のないサハに更新され、多少の早い遅いはあるものの、平成２（1990）年７月の「吊り掛け電車さよなら運転」の日まで残った。

停車中の8503以下６両編成の松戸行き。

8000系（クハ8500形・モハ8000形）

ここからは現役組である。8000系は昭和53（1978）年、両端をクハとする６両固定編成で登場した。京成スタイルを脱した前面非貫通２枚窓、新京成初の冷房車でもあり車体幅も若干広がった。昭和60（1985）年までに９編成54両が製作された。第１・２編成は抵抗制御だったが、第３編成から界磁チョッパ制御が採用された。のちにチョッパ制御車はVVVFインバータ制御に改造されたが、車齢の古い５編成はすでに廃車され、４編成が残っている。なお、平成25（2013）年２月に最後のチョッパ制御車が廃車された時点で、新京成の全編成がVVVF制御となり，独自開発の「全電気ブレーキ」（停止までのすべての制動を電気ブレーキで行う）なども有効活用されることとなった。

8800系

昭和60（1985）年。8000系の最終編成を追いかけるようにニューモデルが誕生した。新京成初、8両固定編成の8800系である。GTOサイリスタの開発によりVVVFインバータ制御が採用され、車両番号は通しだが、両端と中間の４両がクハまたはサハという４Ｍ４Ｔである。合計12編成96両が製造されたが、平成19（2007）年の京成千葉線乗り入れ開始により、新たに運転台を設けるなどして３編成が６両編成４本に改造された。その後、新京成線自体が「６両体制」となったため、結局全車が６両編成化され、車両番号は編成ごとのハイフンつきに変わった。現在８編成が千葉線乗り入れ対応である。

8808以下８両編成の松戸行き。

停車中の8931以下８両編成松戸行き。

8900系

平成５（1993）年登場のインバータ制御第２弾で、前頭部を除いてステンレス車体である。地下鉄線への乗り入れの可能性はないものの、前面には非常扉が設けられ、Ｓの字をあしらった赤とブルーの帯が入っている。８両編成３本が製造されたが、６両編成化により余剰の２×３両は廃車された。京成千葉線には入らない。

京成千葉線から戻ってきたN818編成。

N800系

平成17（2005）年登場のステンレス車の第２陣であるが、他社同様、ナンバーは以前の800に戻り、車両は京成の新3000系と同一設計で、当初から６両編成で中央の２両がサハである。現在のところ第３編成までであり，全編成が京成千葉線への乗り入れ対応である。

杉﨑行恭（すぎざき ゆきやす）

昭和29（1954）年、兵庫県尼崎市生まれ。伊丹空港と阪急電車の音が子守唄で育ち、根っからの乗り物好きに。東京写真短期大学卒業後、交通博物館の暗室マンや八百屋を経てフリーのフォトライターとなり、雑誌取材等で国内外を巡る。著書に『駅舎』（みずうみ書房）、『毎日が乗り物酔い』（小学館）、『日本の駅舎』『駅舎再発見』『駅旅のススメ』『駅旅入門』『山手線ウグイス色の電車今昔50年』（以上、JTBパブリッシング）、『絶滅危惧駅舎』（二見書房）、『百駅停車』（新潮社）など。他に共著も多数。

【写真提供】

新京成電鉄株式会社、東武鉄道株式会社

阿部郁重、石本祐吉、岩堀春夫、小川峯生、荻原二郎、尾台展弘、高橋義雄、竹中泰彦

村多正、矢崎康雄、山田虎雄、吉村光夫

柏市教育委員会、春日部市、鎌ケ谷市郷土資料館、さいたま市、野田市郷土資料館、流山市

船橋市郷土資料館、松戸市立博物館

【執筆協力】

加藤佳一（東武野田線の「車両図鑑」）

石本祐吉（新京成電鉄の「車両図鑑」）

生田 誠（古地図探訪）

東《とう》武《ぶ》野《の》田《だ》線《せん》・新《しん》京《けい》成《せい》電《でん》鉄《てつ》　街《まち》と駅《えき》の1世紀《せいき》

発行日……………………2015年10月5日　第1刷　　※定価はカバーに表示してあります。

著者………………………杉﨑行恭

発行者……………………佐藤英豪

発行所……………………株式会社アルファベータブックス

〒102-0071　東京都千代田区飯田橋 2-14-5 定谷ビル 2F

TEL. 03-3239-1850　FAX.03-3239-1851

http://ad-books.hondana.jp/

編集協力…………………株式会社フォト・パブリッシング

校正………………………加藤佳一

デザイン・DTP ………柏倉栄治

印刷………………………モリモト印刷株式会社

ISBN 978-4-86598-805-5 C0026

本書は日本出版著作権協会（JPCA）が委託管理する著作物です。

複写（コピー）・複製、その他著作物の利用については、事前に JPCA（電話 03-3812-9424、e-mail:info@jpca.jp.net）の許諾を得てください。なお、無断でのコピー・スキャン・デジタル化等の複製は著作権法上での例外を除き、著作権法違反となります。